Leo Slezak
Mein lieber Bub

Piper-Präsent

Leo Slezak

Mein lieber Bub

Briefe eines besorgten Vaters

R. Piper & Co. Verlag
München Zürich

Herausgegeben von Walter Slezak

Gekürzte Ausgabe
ISBN 3-492-02715-6
3. Auflage, 26.–31. Tausend 1981
(1. Auflage, 1.–6. Tausend dieser Ausgabe)
© R. Piper & Co. Verlag, München 1966
Gesamtherstellung: H. Mühlberger KG, Augsburg
Gesetzt aus der Times-Antiqua
Printed in Germany

Dem Andenken meiner geliebten Mutter

Walter Slezak

Vorwort

Der Sänger ist ein Fackelträger. Solange die Fackel leuchtet, strömt ihm die Menge nach. Erlischt sie, steht er allein! So schrieb mein Vater in seinem Buch »Rückfall«. Die Fackel ist erloschen, doch er ist nicht allein, ist nicht vergessen, seine Platten werden noch immer gespielt, seine Bücher noch immer gelesen, und die Erinnerung an ihn, als den großen Sänger, den ergötzlichen Filmdarsteller, den lustigen Memoirenschreiber, lebt in Tausenden weiter – eine Erinnerung an einen frohen, gebenden, gescheiten und ernsten Künstler.

Seit dem Jahre 1934 hat mir mein Vater über 2000 Briefe geschrieben. Und da er bei der Niederschrift dieser Zeilen die Möglichkeit, daß sie je veröffentlicht werden könnten, nie in Erwägung gezogen hat, sind es »echte« Briefe – keine bewußt geplanten *belles lettres*, wie sie oft – gleich Tagebüchern – für die Nachwelt komponiert werden, um das gewünschte *image* des Schreibers zu überliefern.

Wie leicht ist es doch, Autobiographisches zu schreiben, frisch von der Leber weg zu erzählen; wenn da eine Geschichte oder Anekdote nicht ganz stimmt und man sie, einer schärferen Pointe zuliebe, verbessert, ist man nur sich selbst und seinem, meist recht labilen, Gewissen Rechenschaft schuldig.

Welch große Verantwortung dagegen lastet auf dem, der die Briefe eines ihm Nahestehenden herausgibt, wie muß der abschätzen und wägen, damit nicht eine im Affekt, in einem Moment des Zornes oder der Verärgerung geschriebene Bemerkung das Bild des ganzen Menschen verzerrt und entstellt.

Vieles aus den Reisebeschreibungen ist heute durch die Entwicklung in den betreffenden Ländern überholt; aber es ist rührend, mit welchem Staunen und welcher Aufnahmebereitschaft ein Mann, der fast die ganze Welt bereist hatte, Eindrücke einer Ägyptenreise festhielt, welch kindlich-naive Bewunderung er dem Fremden entgegenbrachte, mit welcher Begeisterung er es betrachten konnte.

Da mir mein Vater alle diese Briefe während Deutschlands brauner Unglückszeit nach Amerika schrieb, mußte er mit Rücksicht auf die Postzensur der Nazis vieles tarnen. Wir benützten ein paar feste Decknamen: Hitler wurde »der Wastl« oder »der Oberförster«, meistens aber »der Ali« (nach Alibaba und den 40 Räubern) genannt.

»Ali wird am 23. entbinden« sollte heißen, daß der Angriff auf Polen für den 23. erwartet wurde. »Hohlholz« war eine Umschreibung für Hollywood, denn wir mußten die Briefe zeitweise an einen Freund in der Schweiz senden, der sie an mich nach Hollywood weiterleitete. »Florestan« und »Dalibor« waren Decknamen für alle, die von den Nazis ins Gefängnis gesperrt worden waren, und für diese war das Gefängnis selbst das »Sanatorium«.

Vieles muß leider ungedruckt bleiben, damit nicht Nachfahren von Papas Zeitgenossen erschrecken, wo er hie und da etwas respektlos deren Ahnen verunglimpft hat.

Aber meines Vaters Spott über die Mitmenschen war nie böse gemeint – er hatte die herrliche Fähigkeit, immer beide Seiten der Medaille zu sehen und die Schwächen seiner Kollegen und Mitarbeiter nie zu ernst zu nehmen. Er war einer der besten, grundanständigsten Menschen, denen ich je begegnet bin, und ich bin zutiefst dankbar und stolz, sein Sohn zu sein.

Walter Slezak

1934/35

Mein lieber Bub. Heute bekamen wir wieder einen Brief, der uns erfreut hat. Mama lebt ganz anders auf, wenn sie eine Nachricht von ihrem geliebten Buben hat, und da sie so schwer schreibt, schreibe ich Dir wieder – ich hoffe, daß Du den Kontakt aufrechterhältst, es kann Dir doch auch nicht egal sein, ob Du weißt oder nicht weißt, was zu Hause vorgeht. Und ich bin auch glücklich, wenn ich mich nicht beim Fehlen jedes Echos schämen muß, so mitteilsam zu sein und mich quasi aufzudrängen ...

Also bei mir tut sich jetzt viel ziemlich Großes. Die Filmerei ist mir zum Segen geworden, ich stehe gottlob und unberufen mitten drin. Ein Jammer, daß die Filme nicht zu Dir hinüber kommen, man klagt und jammert so, daß der Auslandsverkauf fast aufgehört hat – und es werden sehr gute Filme gemacht. ... Jetzt spiele ich den Ferdinand Raimund, und *alles* ist begeistert. Ich war mit Mami bei der Vorführung, und *wir* finden mich zum Kotzen – nie mehr gehe ich in eine Vorführung. Am Dienstag bin ich mit dem Raimund fertig, am Mittwoch früh fahren wir mit dem Auto nach Wien, übernachten bei Seltmanns in Prag und sind am Donnerstag in Wien, wo wir bleiben. Da habe ich dann noch einen Film, der ist die ersten Tage Dezember

fertig, und dann mache ich drei Monate Ferien. Am
27. fahren wir, meine Mami und ich, über Rom
nach Neapel, am 30. fahren wir nach Ägypten und
sind am 24. wieder in Wien. Ich zittere vor Angst,
daß etwas dazwischenkommt, so freuen wir uns auf
die Reise. Mami kann schon den ganzen Baedeker
auswendig, kennt alle ägyptischen Könige, die wird
sich in Grabmälern und Katakomben ausleben;
nicht eine werde ich auslassen dürfen, mir ist jetzt
schon mies davor. . . .

2. 11. 1934

. . . ich und Mami sind sehr glücklich, daß ich mit 61
Jahren noch eine neue Karriere machen darf. Ach,
und die Arbeit ist so angenehm, alles, was man mir
von den Augen ablesen kann, tut man, ist so re-
spektvoll und zuvorkommend. Mami sitzt im Atelier und wird von allen verehrt. Sie sitzt aber auch
so häuslich und so gütig da, in irgendeinem Winkel,
damit sie nur ja niemanden stört, nur da sein will
sie, und jedes Wort liest sie mir vor, und ich *muß*
meinen Dialog kennen, fort und fort penzt sie: »Also, Leo, jetzt diese Szene.« So ist es ja kein Kunst-
stück, daß ich so vollkommen bin. Und diese herrliche Atmosphäre, die sie um mich verbreitet; wenn
ich nicht drehe, liege ich in der Garderobe, da sitzt
sie bei mir und liest mir aus dem Baedeker vor, so
daß ich, ob ich will oder nicht, ein fertiger Ägypto-
loge bin. Zerknirscht gestehe ich ein, daß ich früher
die Ramsesse alle durcheinandergebracht habe.
Mami hat mich gelehrt, sie genau zu kennen, jedes
Grab, jede Sphinx weiß sie, wie alt sie ist, wer sie
gebaut hat, und wer drinnen begraben liegt oder

lag. Sie ist ein typischer Fall von »fehlerfrei«. Ach, und mir wächst dieser Raimund schon zum G'nack heraus – seit einem Monat wird gebrodelt, sowas von Beratungen und kämpfenden Meinungen und Gegenmeinungen – alle bei brennenden Lampen –, das habe ich noch nicht erlebt. Ich bin jetzt im Atelier, und wir sollen bis 3 Uhr nachts drehen. Es sind 300 Komparsen da. Die zu beobachten, ist an sich schon ein Genuß. Da gibt es Unnahbare, Anschmeißerische, Tiefverstimmte und welche, die durch auffallendes Benehmen auf sich aufmerksam machen wollen – ein armes, armes Dasein, was die fristen. Mami und ich sitzen in der Garderobe und haben's schön, beim scheußlichen Kantinenkaffee. Sie löst jeden Tag 42 bis 48 Rätsel, und ich lese, und jetzt schreibe ich an meinen Buben. Am Montag sollen wir fertig werden, da fahren wir am Dienstag über Prag nach Wien.

Da freue ich mich aufs Wohnen, Briefmarkensammeln, In-die-Oper-Gehn, Tratschen, in die Intendanz, zu Reitlers und in Kinos und Theater, ins Burgtheater. Ich behalte den Wagen bis zum 1. Jänner, und am 1. März stelle ich ihn wieder ein – jetzt wollen wir unser Leben einmal ein bissel genießen, lange genug hat's gedauert, bis es soweit gekommen ist.

Da steigt in Wien einer aus der Elektrischen, der Schaffner ruft ihm nach: »Sie, Herr, Sie haben Ihr Packel vergessen!« Der flitzt zurück und sagt gemütlich: »Jessas, meine Bomben!« ...

Wien, 16. II. 1934

Du bist seit kurzer Zeit ein *braves* Kind, ein *lobens-wertes* Kind, ein fanomenates Kind, *unser* Kind. Es gibt gleich eine andere Atmosphäre im Hause, wenn regelmäßig und in nicht allzu langen Intervallen ein Brief kommt, und ich bin auch gleich ganz anders aufgelegt, wenn ich mich ruhig hinsetzen kann und ohne zu meckern, ohne Haare an Dir zu finden, frisch und frei an Dich schreiben und Dir all das Belangliche sagen kann, was sich in unserem Leben ereignet.

Daß Du Dir ein Appartement nimmst, ist klug und weise – da wirst Du Dir, wie ich Dich kenne, Reis kochen, wo jedes Körnl extra ist und jedes Körnl ein viertel Kilo Fett ansetzt. Dein Schnurrbart hat bei Mama besonders Anstoß erregt. Mami sagt mit Recht, daß Du mit diesem Schnurrbart ein Kolatschen-Gesicht kaschieren willst, das Du Dir angefressen hast. Ich habe jetzt für den Raimund-Film meinen Schnurrbart abrasiert gehabt und hatte einen Panorama-Arsch über dem Hals, der mich ungewöhnlich unsympathisch machte. Aber jetzt beschatten schon einige wenige – leider vorerst noch schneeweiße – Haare meine Oberlippe, und dann kommen die leicht roten dazu und vermählen sich mit den weißen zu einem erträglichen Ensemble.

O. freut sich sehr mit Deinem Geburtstagsbrief. Als er ankam, meinte sie: »Der Lausbua hätt' mir aa schreiben können!«

Sie weiß nicht, wo Gott wohnt, frägt hundertmal dasselbe, aber ist fesch und munter mit ihren 82 Jahren. Wir reden ihr ein, sie ist erst 72. Da sagt sie:

»Na, 79 wer i – i bin im zwarafuchziger Jahr geboren«, und da sagte ich: »Sehr richtig, zwarafuchzig
dividiert durch neun bleiben 36 mal 2 ist 72.« Da
schreit sie auf: »Hör schon auf, alleweil mit dein
Dividieren.« Und da sagt die Mami: »Nein, Mutterl, du wirst jetzt 73.« Dabei bleibt es dann. Da
sagt sie noch: »Also luech net – 73 bin i scho?«

Uns geht es gut. Wir sind selig daheim und feiern
Orgien im Wohnen. Wenn ich so abends vor meinem Schreibtisch mit meinen Briefmarken sitze
und in der Oper vis-à-vis ist noch alles beleuchtet,
freue ich mich, daß die da drüben plärren müssen,
daß ihnen die Eingeweide heraushängen ...

20. II. 1934

Also gestern war Mamis Namenstag. Sie bekam
von mir eine große Silberschüssel mit Tellern und
Saucieren, die ich auf einer Auktion im Dorotheum
aus dem Besitz der Ella Zerner gekauft hatte. Auch
haben wir ganz pompöse Anschaffungen gemacht –
die Leintücher sind jetzt ganz ohne Löcher, aus den
Polstern fliegen keine Federn mehr heraus, das
Schlafzimmer ist neu tapeziert, der Salon neu tapeziert, und zwar cremefarbig mit Goldleisten, wie
bei ganz reichen Adeligen. Auf der Silberplatte ist
das Monogramm EZ, wir reden allen Leuten ein,
der Graveur hat sich geirrt und decken das Monogramm mit Gemüse zu. Und jedesmal, wenn Mami
ihren neuen Persianer anhat, sagt sie mir selig und
beglückt vorwurfsvoll: »Du Verschwender!«

2. 12. 34

Also morgen, der 3., ist der schwere Tag – Deine Premiere. Ich habe Dir ein Kabel geschickt, das bringt Dir unseren innigsten Segen, daß alles recht gut ausgeht, wie Du es Dir, mein Kind, wünschest. Wir haben nur so Angst, daß Du zu dick wirst und nicht genügend auf Dich aufpaßt. Also mir geht es ja gerade so, ich kann mich auch nicht halten, ebenso Gretel, die auch wie ein Germknödel herumgeht und ebenso verfressen ist wie ihr Vater. Soeben lese ich, daß der Film mit der Jeritza: »Großfürstin Alexandra«, nach Amerika verkauft ist. Da wird er wohl in New York ankommen, und Du wirst ihn Dir ansehen. Meine Rolle ist ja recht mäßig – trotzdem haben die Leute gesagt, daß ich gut wäre und die Ödigkeit des ganzen Films ein bissel gerettet habe. Ich möchte wünschen, daß Du »Musik im Blut« und »G'schichten aus dem Wienerwald« drüben sehen könntest; ich glaube, diese beiden Rollen würden Dir gefallen. Also ich bin seit einigen Tagen mit meinem letzten Film fertig – eine scheußliche Rolle, nicht Fisch, nicht Fleisch. Ich wollte, ich hätte sie nicht gemacht. 2000 Schillinge ist man mir auch noch schuldig geblieben, also ich habe mich sehr geärgert. Na, jetzt bin ich Freiherr, ich kann es noch gar nicht fassen, daß ich 4 Monate nichts arbeiten soll. Jetzt bin ich seit 4 Tagen daheim und komme mir schon wieder so rasend überflüssig vor – habe schon das Gefühl einer Drohne und habe Angst, daß ich keinen Film mehr kriege. Allerdings, 4 sind abgeschlossen. . . .

Bei uns ist Reisefieber. Jetzt muß ich mit Mami ins Ägyptische Museum rennen, muß lernen, wie

Mumien gewickelt werden. Mama kennt bereits alle Mumien der Welt und ihre Lebensgewohnheiten, sie weiß schon genau, was sie in Ägypten alles sehen wird – so genau, daß es eigentlich überflüssig ist, daß sie hinfährt. Gott, werde ich da leiden, wie in Italien, aber dort konnte ich beim Anblick einer Kirche dem Chauffeur zuflüstern: »Vollgas«, aber dort ist das ja alles im Programm – als Bestandteil einer Herde werden wir von einer Pyramide, einem Stanerhaufen, zum anderen getrieben, da wird mir die Zunge aus den Lippen herausquellen, so müde werd' ich sein. Dabei interessieren mich diese ganzen Ägypter gar nicht – ich will nur die Landschaft, den Orient kennenlernen. Mami wird doch im Museum in Kairo wohnen, das wird sehr betrüblich, mein Kind . . .

1. 1. 1935.

Auf nebbich hoher See! Prost Neujahr, geliebter Bub. Die Reise war gestern schauerlich, heute sind wir in 6 Stunden Afrikaner und krallen, wie O. sagt, wie die Affen auf die Bäum herum. Ausführlicher Brief folgt. 1000 Bussi Mami, Papa. Eine Scheißfahrerei!

5. 1. 35

Also daß wir *das* erleben dürfen, ist wohl eine große Gnade Gottes. Mein geliebtes Kind, Du machst Dir keine Vorstellung, und ich würde es für Dich ersehnen, daß Du, wenn es Dir je möglich sein sollte, dieses Land zu sehen, es möglich machst. Wir sind seit dem 2., wo wir das Schiff verlassen haben,

im ununterbrochenen Märchentraum – das ist wohl
der Comble des Herrlichen, was man sich vorstellen kann. Schon einmal das ganze fremdartige Leben, dieser Orient ist ja etwas Wunderbares. Wir
leben hier wie im Märchen von 1001 Nacht, jeder
Schritt, den man tut, ist interessant, man möchte
am liebsten stehen und schauen und nicht weggehen. – Wir haben einen sehr gelehrten Führer,
einen Juden aus Palästina, der mich in Wien und
ausgerechnet in Chemnitz singen gehört hat, wunderbar gewählt und gescheit spricht, die Gabe hat,
alles plastisch zu erklären, daß alles zum doppelten
Genuß wird. Gestern waren wir bei den Pyramiden
von Gizeh, das war ein überwältigender Eindruck,
die Sphinx, das Ganze. Wir waren da von $^1/_2$ 10 bis
$^1/_2$ 2 – und konnten uns nicht trennen. Jahrtausende
ist alles alt, und wenn ein Mensch hier 104 $^1/_2$ Jahre
alt wird, ist er ein Jüngling, ein Kind. Doch ich will
Dir keine Reiseschilderung geben, das kannst Du
besser in jedem Buch nachlesen, will Dir nur sagen,
daß alle, auch die kühnsten Erwartungen, die man
sich gemacht hat, tief in den Schatten gestellt werden. Ich fotografiere nach Herzenslust, habe mir
200 Spulen mitgenommen und werde wohl hier
noch dazukaufen müssen. Gestern ließen wir uns in
der Wüste vor der Sphinx und den Pyramiden fotografieren – Mami und ich im Sandwagen, neben uns
auf einem kleinen Esel der Führer, Herr Goldhaber
aus Jeruscholaim. Wie danke ich dem lieben Gott,
daß es mir vergönnt ist, mit Mami dieses noch zu
erleben. Also so was Fesches, wie wir sind – rennen
wie die Wiesel –, nur vorgestern abend, im Ägyptischen Museum, war ich tot. Aber in der Wüste sitze
ich im Sandwagen wie ein Junger. Ich glaube, Wäl-

duli, Dein Vater hat etwas Beduinöses, etwas von einem Wüstensohn. Ganz zum Schluß lasse ich mich auf einem Kamel fotografieren für das 3. Buch, das ich mit Gottes Hilfe schreiben will. Habe schon ziemlich Ideen und fange schon an, innerlich als Dichter zu toben. Also hoffentlich wird es was mit dem Schreiben, hoffentlich küßt mich die Muse, das wäre tulli, da würde ich meine Ägyptenreise bald herinnen haben.

Also die Reise war – bis auf 2 Nächte und 1 Tag – sehr schön, die Ankunft eine interessante Sache, wir sehen ja den Orient zum ersten Mal. Ganz Alexandrien macht, mit Ausnahme einiger europäischer Straßen, den Eindruck einer Müllabfuhr, eines Misthaufens – und man ist einfach erschüttert, *wie* die Leute da leben, wie die Tiere, sie kakken auf die Straße und leben in Lehmhütten mit alten Konservenbüchsen bedeckt – also das tiefste Elend, das man sich vorstellen kann, triefen vor Schmutz, und man graust sich Schritt auf Schritt vor Sachen, die man einfach nicht für möglich hält. Wir machten eine Rundfahrt mit einem Auto, ließen uns die Araberviertel zeigen und fuhren mittags, entsetzt über Alexandrien, wieder weg...

In Kairo wurden wir erwartet – von zwei lieben Jidden. Die ganze Reise ist eine rein jüdische Angelegenheit: Palästina-Lloyd, aber die Leute zersprargeln sich, und wenn ich sehe, wie schmafu die Leute von Cook behandelt werden, bin ich selig, daß ich zu die Juden gegangen bin. Sie geben sich so viel Mühe und sind so geehrt, daß sie nicht wissen, was sie tun soll'n, um uns nur angenehm zu sein. Im Hotel Shepheard, das erste Hotel in Ägypten, haben wir ein herrliches Zimmer – mit voller

Pension, die ich mir allerdings abbestellte, weil das
Fressen *unmangeable* ist – lauter miese Sachen,
sehr nobel. Da kommen auf einer Riesenschüssel
zwei Kroquettchen anmarschiert, die werden mit
großem Pomp und Grandezza von zwei Arabern
gebracht, und 6 Kellner assistieren und legen es auf
den Teller. Dann sind es zwei Plätzchen, die nach
eingeschlafenen Füßen schmecken, und da möch-
ten sie noch herumschneiden dran. Ich kann von
jeher diese noblen Kellner, die sich da herumzele-
brieren, nicht ertragen, sagte ihnen, daß das Essen
ein Schlangenfraß und keine 5 Piaster – das sind 60
Pfennige – wert ist, und sie sollen alle weggehen,
weil sie mir auf die Nerven fallen. Die Engländer
und die anderen Europäer sitzen ehrfurchtsvoll da
und lassen sich von den Herren *waiters en canaille*
behandeln und fressen, ohne mit der Wimper zu
zucken, alles planlos in sich hinein. Dazu mußte ich
mir den Smoking anziehen, was mir schon die Galle
in Bewegung brachte. Da ging ich zum Direktor
und sagte ihm, daß das Essen in keinem Verhältnis
zu der Aufmachung und dem überladenen Pomp
stünde. Ich will mich im Grillroom – da ist ein Wiener Ober – allein verköstigen. Da aßen wir dann
ganz gut. Nur spielt da eine Musik, die nur für ara-
bische Ohrwascheln gemacht ist. Da ist ein Geiger,
der hat einen Ton, mit dem man sich rasieren könnte – alles zu tief und zu laut –, ich fragte den Ober,
ob man ihm nicht ein paar Watschen geben könnte.
»Nein«, antwortete der, und es wäre schade, denn
er hätte ihm schon gern selber eine in die Fresse
gehaut. Ich wollte *Ruhe* schreien, Mami war dagegen und meinte, der arme Kerl will auch leben. Ich
koche vor Wut. Aber sonst sind die Eindrücke ein-

fach überwältigend. Sich vor dem Hotel auf die
Straße setzen und das Leben an sich vorbeiziehen
lassen, ist schon ein Genuß. Das Leben im Araberviertel. Denke Dir, ich war mit Mami im »Freu-
denviertel«, es war so traurig, da sind ganze Laby-
rinthe von Straßen, wo ein kleines Loch neben dem
anderen ist, drinnen ist hinten ein aufgestelltes
Bett, grell beleuchtet, ein Vorhang zum Ziehen,
und vorne sitzt das arme Wurm und wartet auf die
schauerliche Kundschaft, denn welcher halbwegs
Minderwilde hat den Mut, zu einem so scheußlichen Weib zu gehen und sich sechs Krankheiten auf
einmal zu holen. Mami und ich fuhren in einem
Wagen durch, die Weiber schauten böse auf uns,
weil eine Frau mit war – so arm, so unsagbar arm
sind sie. Ach, und das ganze Leben in diesen stock-
finsteren Löchern, alle Handwerker auf der Straße
abgehärtet gegen den unsagbaren Gestank und
Dreck. Die Frauen gehen verschleiert. Morgen
kaufe ich Mami so einen Schamlick, das ist ein
Tuch, das mit einem Messingring auf der Nase gehalten wird, so soll sie in Wien herumgehen, sie will
aber nicht, die Liebe! Wir streiten oft, besonders
beim Ankommen, da ist sie gefährlich! Oder wenn
sie schreiben muß. Am 9. Januar hat Gretel ihren
Geburtstag, da bereitete sie sich schon drei Tage
vorher vor. Ich mußte ihr die Füllfeder füllen, sie
probierte dann, ob sie anständig gefüllt ist, und be-
fleckte alles mit wunderbarer Tinte. Als ich meinte,
daß sie im Zirkus, wenn sie das *so* macht, ein Vermögen verdienen kann, war sie sehr eingeschnappt,
und ich hatte Mühe, sie zu versöhnen.... Morgen
gehen wir auf unsere Nilreise aufs Schiff, freuen
uns schon schrecklich drauf. Jetzt sind wir vom 6.

Jänner bis zum 14. Feber auf dem Nil! Wälduli, das
wird stinkfad, jeden Tag zweimal aussteigen, Gräber ansehen und Tempel, mir ist jetzt schon mies,
aber – es soll sehr schön sein, und ich *muß* mit.
Nun, mein geliebtes Kind, hoffen wir Dich bei be-
stem Wohlsein – mit großen Erfolgen und hoffen,
daß das Stück gut geht und Du recht lange Arbeit
hast. Tausend Bussi von Deiner Mami – der Ägyp-
tologin – und Deinem Vater, dem kühnen, dem
nebbich verwegenen Wüstensohn.

28. I. 35

Die Fahrt durch Nubien war so interessant, wir sahen Krokodile *en masse* schlafend auf Felsen liegen, scheußliche Viecher, die erst im letzten Moment ins Wasser schlüpften. Ich habe bis jetzt 1200
Bilder aufgenommen, die sind schon alle entwickelt
und gut geworden – eine herrliche Kollektion, und
ich freue mich schon darauf, in Egern die Diapositi-
ve zu machen. Also der Nil ist durch den Staudamm
um 30 Meter – nicht 7 wie ich annahm – gehoben
und hat den Nubiern ihr ganzes Land ersoffen, die
armen Menschen werden von der Regierung mit
Geld abgefertigt, und es wird ihnen ein anderer
Platz zum Wohnen angewiesen. Sie gehen aber
nicht weg, bauten sich ihre Lehmhütten hinauf in
die Wüste – kein Gras, nur Steine und Sand, und im
Rücken Tausende Meilen Wüste, also sind die
prachtvollen Menschen ganz um ihre Heimat gebracht. Die Nubier sind die rührigsten Menschen,
die man sich denken kann, und werden als Diener
und Hotelpersonal sehr gerne genommen, sie sind
– übrigens alle im Orient – von einer grandiosen

Ehrlichkeit. Mir ist eine neuangezündete Zigarre
auf den Boden gefallen. Mami erlaubte in ihrer
Großzügigkeit nicht, daß ich sie weiterrauche, sie
hat Vanderbilt-Allüren, die Liebe, und warf sie
weg. Ein Nubier hob sie auf und kam erst fragen,
ob er sie behalten dürfe. Alles kann man offenlassen – es kommt nichts weg, und kommt einmal etwas weg, dann ist es sicher ein Europäer, der es
gestohlen hat. . . .

Die Rückreise durch Nubien war noch schöner
als die Hinreise, weil wir am bewohnten Ufer fuhren und die Menschen alle in ihrer grenzenlosen,
würdevollen Traurigkeit in der Nähe sahen. . . . Das
einzige, was einen stört, sind die vielen miesen alten Engländerinnen mit ihren vorstehenden Zäh-
nen und ihrem kehligen Englisch – wenn sie so im
eveningdress zum *dinner* gehen – halbnackt, als
Skelette, mit Augengläsern, tiefausgeschnitten ihre
Knochen äußerln führen – also ein Brechmittel ist
das. Die sitzen auf dem Schiff im Salon, den sie den
parlour nennen, und lesen in alten Magazinen und
kümmern sich den blauen Teufel um all die Herrlichkeiten, die an ihnen vorüberziehen. Alle halbe
Stunde sagt eine: »O, lovely – isn't it splendid?«
Dann haben sie wieder ³/₄ Stunden Pause und
schauen nicht hin . . .

14. 2. 35

Also wir fahren statt am 18. von Port Said am 16.
nach Alexandrien, weil wir die Nase schon erheblich voll haben und uns mächtig nach Hause sehnen. Es ist ja schon auch reichlich lange, daß wir
unterwegs sind. Wir können keinen Turban und

keinen Fez mehr sehen, und auch *the black and the brown people* hängen uns zum Halse heraus. Ich will Atá, ich will in mein Kinderzimmer, in mein Gitterbett. Die Zeit hier war ein Märchen, ein schöner Traum, aber jetzt ist es *enough*, jetzt ist Habedjehre.

Die Nilreise war sehr schön, nur zu viele Menschen – man hat kein Platzerl, wo man sich zurückziehen könnte, und die letzten zwei Tage war uns schon mies. Unser Bedarf an Nil – die Amerikaner sagen Neil – ist gedeckt. Wenn ich den Nil nie wiedersehen sollte, so würde ich mir vor Kummer nichts antun. Dieses Ägypten ist ein Land, das man sehr schnell überbekommt, weil man *so* gepiesackt wird von diesen lästigen Klettenmenschen, die einen fort und fort – wie ein Fliegenschwarm – belästigen. Man kann nicht aus dem Hotel herausgehen, ohne daß sich dann sofort fünf bis sechs befezte *brown people* an einen kleben. Die gehen dann mit und reden, d. h. kauderwelschen in allen Sprachen, alle auf einmal, man könnte heulen. Dann hängen sich Postkartenverkäufer an einen und flüstern: »Baron, Schweinereien«, und ziehen nackte Bilder aus der Tasche, und warum sie mit diesem Dreck gerade zu mir kommen, ist mir unerklärlich – ich scheine doch nicht so würdig auszusehen, wie ich geglaubt habe. Jeder will was, jeder redet, jeder drängt sich an. Auf einmal kommt einer und wedelt mit einem Federwisch an den Stiefeln herum und schreit Backschisch, hartnäckig ist er an den Fersen, und so geht es fort und fort. Da haben sie mir geraten, ich soll energisch »jalla« sagen. Ich schreie »jalla«, und da kommen noch mehr dazu und heulen vor Vergnügen. Das »jalla« scheint doch etwas

anderes zu bedeuten, vielleicht gar »kommt her«
statt »geht's weg«. Oder ich habe es falsch betont –
weiß man's? Gestern haben wir uns noch einen Tag
den Dragoman genommen, unseren lieben Jidden,
den Goldhaber, und haben herrliche Sachen gesehen. Der größte Eindruck war die El Azhra Mo-
schee, eine Universität, wo alle Moslems der Erde,
wenn sie Priester oder Kadhis, Richter, werden
wollen, in Kairo an dieser Universität 17 Jahre stu-
dieren müssen. Die sitzen in einer Gruppe auf der
Erde auf Strohmatten – ein Professor, gewöhnlich
total blind –, und da reden sie und diskutieren, und
es leuchten ihnen die Augen. Sie hören und sehen
nichts von der Umwelt, merken nicht, wie sie von
den Touristen angegafft werden und wie man sie
analysiert und erklärt. Da sind Äthiopier, Sudane-
sen, Marokkaner, Inder, Japaner, Chinesen, Ber-
ber, Beduinen – alle Rassen, Neger mit zertepsch-
ten Kolatschengesichtern –, alles ist da und betet
und lernt und vergißt alles. Wenn sie müde sind,
legen sie sich auf die Matte, wo sie gerade sind, und
schlafen. Wohnen da auf dem Platz, wo sie studie-
ren, waschen sich nur rituell, d. h. wie es der Koran
vorschreibt, die Augen, die Stirne, hinter den Ohren, Füße und Hände und Schluß! Alles andere
bleibt dreckig und stinkt. Die Moscheen sind gran-
dios. Dimensionen, von denen man sich keinen Begriff macht. Die Kuppel – mir war schon sehr mies
vor den Kuppeln, weil die Mami darauf bestand,
daß ich hinaufschau, und da bekam ich jedesmal
einen steifen Hals. Wälduli, was hat man überhaupt
Deinen Vater umeinander gelassen, daß er am Leben verzagt. Und Mami ist so gründlich, von solcher Aufnahmefähigkeit, von solchem unermüdli-

chen Interesse. Goldhaber war sprachlos, *was* sie alles sehen wollte, alles wußte sie, wo was ist; nichts blieb mir erspart, zerdroschen und zerlext kam ich am Abend heim und schleppte die Füße nach und war aufgelöst, und sie hat immer neue Sachen zu erzählen gewußt. Bei den Hieroglyphen war sie nicht wegzubringen, dabei ist das doch stinkfad, wieder der Ramses, Ramses ißt Früchte. Da schau, Leo, wie er Früchte ißt, fabelhaft! Jawohl, Ramses ißt Früchte! Ramses opfert dem Amon Rah – da sieh, wie das gemacht ist. Dabei fehlt dem Ramses der Unterkiefer, und vom Amon Rah ist nur der Toches zu sehen. Also das wäre was für Dich gewesen, aber ich habe es kennengelernt wie kein zweiter, und es ist eine unsagbar herrliche Erinnerung. . . . Ich habe einem armen Esel das Kreuz gebrochen, trotzdem ich auf ihm sitzend 5 Meter zu Fuß gegangen bin, habe Krokodile auf Felsen liegen gesehen, aber jetzt will ich nach Hause, nach Wien, ganz schnell will ich nach Hause, zur Puppi und zum Ixi, zu meinem Schmankerl, dem Kanari, zu unserer Lora, jetzt ist Schluß, alle Ramsesse und Amenophisse sollen mir den Buckel hinunterrutschen. . . .

Alexandrien, Freitag, den 15. 2. 35

Vor allem vielen Dank für Dein Kabel, wir haben
es als liebes Geschenk knapp vor der Abreise aus
Kairo bekommen und haben uns schrecklich damit
gefreut. Also heute haben wir Kairo um 12.30 verlassen, waren um $^1/_2$4 hier in Alexandrien, sind in
einem wunderbaren Hotel, Cecil am Meer, mit
einem Balkon. Gingen nicht mehr aus und bald heidi. Der Tag war so schön und harmonisch, es ist
mein größter und heiligster Feiertag im ganzen
Jahr, an dem mir der liebe Gott unsere Mami geschenkt hat. 35 Jahre hat sie mein Leben zu einem
schönen Traum gestaltet, und ich bin für dieses un-
sagbare Glück dem lieben Gott so dankbar. Unser
beider tägliches Gebet ist, daß unsere Kinder auch
so einen Hort, so einen Schatz finden, der nur für
Euch lebt, und Ihr ein schönes Heim bekommt und
in Glück und Zufriedenheit leben könnt. Das erbitten wir von ganzem Herzen und sind unsagbar traurig, daß es bei Euch beiden noch nicht soweit ist,
und bitten, daß es bald so sein möge.

Gestern hatte ich einen wilden Tag – war im Wagen mit Mami im Dirnenviertel am Fischmarkt –
und mußte die Mami alleine sitzen lassen, weil ich
doch fotografieren ging. Sie hat sich so geschämt,
die Arme, 50 Menschen umringten mich und ver-
jagten mir die Weiber, die ich ja fotografieren wollte, ich hätte sie am liebsten gedroschen, aber einige
habe ich doch gekriegt. Hoffentlich werden die Bilder gut. Dann sahen wir eine armselige Hochzeit –
zuerst gingen die Freunde des Bräutigams, der war
nicht dabei, der erwartet seine Braut in seiner –
nebbich – Wohnung, dann kam eine Musikkapelle,

bestehend aus drei Mann, einem Flügelhorn, einer
Trommel und Cinellen, die machten einen Höllen-
spektakel, dann kamen zirka zehn Kinder, Mä-
derln, dreckig, ungewaschen, mit zerzausten Haaren mit viel Lebewesen in diesen, und hatten Pa-
pierblumen in den Haaren, die auch recht schmie-
rig waren; dann kamen verschleierte Weiber und
zum Schluß ein ganz windschiefes, in allen Fugen
krachendes Taxi, in dem saß die Braut, ganz in
schwarze Tücher eingewickelt, nicht einmal die
Augen konnte man sehen. Als ich sie fotografierte,
stürzte der Flügelhornist auf mich zu, hörte zu blasen auf und wollte Backschisch – ich gab ihm einen
Piaster, dann schwieg die Trommel und wollte auch
ein Backschisch, auch die Cinellen hörten auf,
Krach zu machen, der Zug stockte, ka Music, ka
Trommel, ich eilte in meinen Wagen, in dem Mami
saß und von 50 solcher Eingeborenen umringt war,
die alle »Backschisch« schrien. Ich habe nur darauf
gewartet, daß die Braut aus dem Autofragment
aussteigt und auch schnorren kommt. . . . Heute bei
der Ankunft in Alexandrien mußten wir auch wieder durch das Araberviertel und begegneten einem
Leichenzug, der aus vier Männern bestand, die eine
Kiste, mit einem Fetzen zugedeckt, trugen – kein
Mensch als Begleitung, nur drei Klageweiber, die
gellende Schreie von sich gaben; zuerst dachten
wir, es sei die Bremse von der Elektrischen, aber
dann sahen wir sie, wie sie künstlich, ohne Tränen –
so wie Du als Kind – weinten und schrien wie am
Spieß. Kein Mensch kümmert sich darum – keiner
schaut hin – das ist etwas ganz Alltägliches.

Mein Kinderle, schreibe viel, ich antworte Dir,
wie Du siehst, mit Zinseszinsen auf jede Zeile. Nun

1000 Bussi, mein Kindi, von Deinem Elternhoch-
zeitspaar. Mami drückt Dich besonders ans Herz,
ich aber auch, warum? Weil ich bin – Dein Vater.

Wien, 9. 3. 1935

... Bitte, mein Kind, schreibe nichts Politisches.
Deine Kritik über »My Struggle« war gefährlich.
So ist es doch leicht möglich, daß uns die Post nach
Berlin nachgesandt und, weil fast alle Briefe geöffnet werden, uns ins Unglück bringen wird. Also
lasse alle Bemerkungen, die irgendwie gegen mich
ausgenützt werden können. Du machst Dir keine
Vorstellung, wie entsetzlich jetzt alles ist und wie
man trotz aller Vorsicht den Boden unter sich wan-
ken fühlt. Also gelt, lasse jede Bemerkung über
Politik oder Kritik vollständig weg. In unserer Zeit
muß man taub und blind sein, nicht rechts und nicht
links schauen, sich vollständig alleine halten, in keine öffentlichen Lokale gehen und sich so wenig als
möglich zeigen, daß man keine Anhaltspunkte
schafft. Das Denunziantentum ist fürchterlich, und
man schwebt jeden Tag zwischen Unheil und Verderben. . . .

Berlin, 23. 3. 1935

Schönen Dank für Deine lieben Briefe. Also wir
sind inzwischen mit dem Auto nach Berlin gefahren
und seit letzten Dienstag, dem 17., da in unserem
schönen Hotel, wo wir es sehr gemütlich haben. Ich
habe mir, um das Wohnen ins Übersinnliche zu
steigern, auch noch Briefmarken zum Kletzeln mitgenommen, da sitze ich und werde vom Hotelper-

sonal als nicht ganz in Ordnung bemitleidet. Die erste Autofahrt bei herrlichem Vorfrühling war überirdisch schön. Im Hotel Krone haben wir übernachtet, dort hat man uns erkannt und mit allen Ehren überhäuft, hat uns einen Versammlungssaal zum Schlafen gegeben, in dem die Betten ganz arm und klein an die Wand gepickt waren und wir uns fürchteten. Eiskalt war es auch, und zu allem Überfluß hat die Puppi der Mami auf die Steppdecke, die Damasttuchent und auf ihr schönes blaues Seidenjankerl Groß gemacht. Wir wurden durch den Gestank geweckt. Mami griff herzhaft im Finstern in die Hundekacke und war entsetzt. Sie mußte in der Kälte alles waschen, die Arme. Und wir beschlossen, diese Bestie, die Puppi, sofort mit einem Flugzeug nach Wien zurückzuschicken. In der Früh, es war um zwei Uhr, waren die Bettsachen noch naß, nur der Hintern der Puppi, der auch gewaschen werden mußte, war trocken, was uns mit Freude erfüllte. Mami war mit der Puppi selten grausam und hat ihr ganz leise gedroht, daß sie vielleicht getötet wird. Nachdem wir das Hotel Krone total versaut hatten, fuhren wir unter Ehrenbezeigungen der Hoteliersfamilie und des Personals, dem ich statt Trinkgeld Autogramme geben wollte, was Mami absolut nicht erlaubte, ab. Also sie ist beim Trinkgeld gegen die Ethik. Ich kann mit der Frau nicht auf ein grünes Resultat kommen ...

Gretel hat in der neuen Operette »Schach dem König« einen großen Erfolg gehabt. Wir waren in der Premiere, sie singt prachtvoll, die Stimme ist berauschend schön, und sie hat durch Mamis belehrenden Einfluß auch sehr hübsch gespielt. Nur die Prosa ist belämmert. Wie sie auf dem Theater steht, macht sie Kinderimitation mit einem ganz hohen Fistelstimmchen. Alle Versuche, sie davon abzubringen, scheitern kläglich. Aber sie hatte trotzdem einen Riesenerfolg, denn die Stimme strömt und füllt das Haus mit Wohlklang ... Sie hat viel Applaus gehabt und auch wunderbar gesungen und sehr lieb ausgesehen, trotzdem die Kostüme nicht gepaßt haben. Also ich war froh, als der Abend vorbei war. Mami ist dagesessen wie bei mir, wenn ich eine heikle Arie hatte, wie eine Wasserleiche, und hat mit aus den Höhlen tretenden Augen, als ob die ganze Familie ausgerottet worden wäre, beim Bedanken aufs Gretel geschaut, so daß sie in der Garderobe zu heulen anfing, ob es schlecht war, weil die Mami so verstört und entsetzt geblickt hat, die Liebe. Da sind mir all die unzähligen Jahre der Angst und der Schlachtbank, zu der ich jedesmal ging, wenn ich sang, vor die Augen getreten und wie unsagbar selig ich jetzt bin als Chefkomiker, ohne Angst, ob ich bei Stimme bin oder nicht. Ich lebe auf, alles ist über den jugendlichen, frischen und zufriedenen Gesichtsausdruck, den ich habe, erstaunt, so frei bin ich und froh. Habe mich noch nie in meinem Leben, mit Ausnahme als ganz Junger, so gefühlt. Bei der Ankunft in Wien sagte als Begrüßung Großmama: »Schiach seid's beide worn.« Ach, alles ist so herrlich schön zu Hause, so anheimelnd, ich glaube, es wird Dir auch im Elternhaus gefallen, mein Kind ...

7· 7· 1935

... Zweck dieses Briefes ist, Dich in Europa zu begrüßen. Morgen kommst Du in Hamburg an und fährst schon direkt nach Wien. Das wäre halt schön, wenn wir Dich am Sonntagabend in den Armen halten könnten. Alles ist vorbereitet, um Dich würdig zu empfangen, eine Box für Dein Auto ist bestellt, mein Joseph wird Deinen Wagen in diese bringen, und so Gott will, sitzen wir am Abend vereint am gewohnten Platz im Elternhaus bei einem guten Essen, in frohester Stimmung, und Du fühlst Dich recht behaglich daheim. Ich habe schon einen Hausschlüssel machen lassen, damit Du einen hast, denn Du wirst doch das Nachtleben von Wien auskosten wollen. Dieses ist um 10 Uhr abends zu Ende, dann kann man in irgendeinem Puff Blädriemen lutschen und sich aufhängen. . . .

9. 9. 1935

Wenn Du diesen Brief bekommst, bist Du schon im blauen Wasser, an Bord der »Rex«, und markierst den Lebemann aus Arizona, wo dieses ordinäre blaue Hemd modern ist. Angelface ist Dir zur Seite, und Du schleifst schon ein spitziges Messer, um in See zu stechen. Mami und mir war gestern, als wir endgültig von Dir Abschied nahmen, recht schwer ums Herz. Wir als Eltern empfinden es sehr hart, daß wir von dem einzigen, was uns gehört, unseren Kindern, so oft getrennt sein müssen. Wie schön wäre es, wenn Du Bankbeamter wärest, ein nettes Wiener Mädel heiratetest und wir Dich in Wien hätten und Ihr jeden Sonntag mit Euren Kindern pflichtschuldig, aber mit einem Gefühl »es ist zum Kotzen« zu den Eltern kämet. Mami würde aufkochen lassen, Du hättest einen noch größeren Bauch und noch weniger Atem wie ich, wärst wür-

devoll und bürgerlich, und wir wären zusammen.
Ich würde Dich, wie Du das unfreundlicherweise zu
nennen beliebst, tyrannisieren, und Du würdest
Briefmarken sammeln, verbrächtest Deine freie
Zeit mit mir über die Marken gebeugt, von mir
weise Lehren diesbezüglich empfangend. Ich wüßte, wenn ich einmal stirb, was mit meiner Samm-
lung geschieht, wo ich jede Marke mit so viel Liebe
und Geduld wusch, kleberte und verliebt ansah. So
habe ich einen amerikanischen Star zum Sohn, der
in die Welt hinauszieht und seine alten Eltern mit
Begeisterung zurückläßt. Und doch sind wir glücklich und stolz auf Dich, daß Du drüben Dir eine so
schöne Stellung erworben hast, daß Du in Amerika
sein kannst, das Dir schöne Lebensmöglichkeiten
bietet und Dich befriedigt. Nur eine ganz große
Sorge habe ich, mein Kind, der ich bei Deinem
Aufenthalt im Elternhaus nicht so Ausdruck geben
konnte, weil ich eben Angst hatte, daß ich Dir's
nicht gönne. Ich zittere und bange schrecklich vor
Deiner Existenz, die von Deiner Gestalt und Deinem Schlanksein abhängt. Ich als Dein Vater muß
es Dir sagen. Du kannst so nicht weiterleben, Du
ißt erstens einmal erschreckend viel und so schnell,
daß Du rasend zunimmst, und ich dachte, daß Du
mehr Energie hast, und habe Angst, daß Du jetzt
am Schiff drauflos essen wirst und noch dicker drüben ankommst, als Du es jetzt schon bist, und Du
bist es schon gehörig. Du hast schon einen regel-
rechten Bauch, das Genick, Dein Wampen, alles ist
ziemlich an der Grenze des Möglichen für Dein
Fach. Ich beschwöre Dich, mein Kind, halte Dich
ernstlich, es ist die allerhöchste Zeit, wenn Du nicht
plötzlich ausrangiert sein willst. Bei mir war das

etwas anderes. Als Opernsänger konnte ich mir einen Bauch leisten, bei der Oper nimmt man das nicht so ernst, dann trug ich meistens wallende Gewänder, war sehr groß und hatte die große Linie in der Haltung, die beim Schauspiel nicht möglich ist, und was den Ausschlag gegeben, ich machte es mit der Stimme wett, daß die Leute während des Singens darauf vergaßen. Bei Dir ist alles auf die Erscheinung eingestellt, und die Amerikaner sind da noch viel ekelhafter als bei uns in Europa. Denn wir können nicht in dritter Reihe stehen, das ist uns nicht gegeben, auch Gretel nicht, bei der es lange nicht so wichtig ist. Wenn Du heute ein Dutzendschauspieler mit irgendeiner Nebenrolle bist, bist Du der unglücklichste Mensch von der Welt, und dem mußt Du ausweichen. Bitte esse nicht auf dem Schiff, daß Du wieder normal drüben ankommst. Es ist sehr schwer, ich weiß es am besten, dieses Lied wurde mir von Mami 36 Jahre lang vorgesungen, es ist fürchterlich, aber wenn Du Wert darauf legst, an erster Stelle zu stehen, mußt Du dieses Opfer bringen. Vielleicht ergibt sich in einigen Jahren etwas für Dich, wo Dein Aussehen keine Rolle spielt, dann kannst Du Dich anfressen, daß es Dir aus den Ohren staubt, und dann hat man, so wie ich, das Damoklesschwert über dem Haupte. Du machst auch gar keine Bewegungen, früher gingst Du boxen, reiten, schwimmen, fechten, jetzt sitzt Du im Auto und fährst zwei Häuser weiter. Es ist für Dein Alter erschreckend, wie wenig Bewegung Du machst. Wie schön wäre es, wenn Du statt des sich nicht Bewegens meine Briefmarkensammelleidenschaft geerbt hättest. Nur das Betrübliche hast Du von mir; auch das Aufschreiben der Auslagen,

Registrieren und Statistiken führen, was mich so
hoch über alle anderen Menschen erhebt, hast Du
nicht von mir, ein Jammer. Es tut mir so leid, daß
ich zum Abschied diese Jammerpille schreiben
muß, aber ich muß es, ich habe keine Ruhe und bin
so voller Angst für Dich und Deine Karriere. Doch
jetzt genug davon.

Zurück zur Belletristik. Heute darf ich nur Deine
Stimme hören, morgen ist alles vorbei, da trennen
uns erst tausend Kilometer, und am Freitag sind wir
mehr und mehr voneinander entfernt. Da werde ich
wieder nie erfahren, wo Du bist. Meine Briefe werden im Weltall herumkutschieren, alle unsere Fragen werden nicht beantwortet bleiben, und wir
werden uns sehnen, sehnen und wieder sehnen. In
der Anlage, mein Kind, findest Du auch die kleine
Schraube der Uhr, lasse sie nicht fallen, sonst hast
Du wieder einen Dreck. Lasse Deiner englischen
Bulldogge, dem Angelface, vielleicht das Arschloch
versiegeln. Ich werde den Gestank nie vergessen,
der mir unter dem Schreibtisch in Egern entgegen-
quoll. . . .

Nun, mein liebes Kinderle, sag ich Dir ade, Gott
segne Dich, werde recht glücklich und komme gut
an.

Donnerstag, den 31. 10. 1935

Also gestern habe ich den »Falstaff« beendet. Das
war wohl einer meiner anstrengendsten Tage, die
ich im Film hatte. Von neun Uhr früh bis um zehn
Uhr nachts ununterbrochen in der Dekoration, und
lauter Akrobatensachen mußte ich machen, ich war
wie gelähmt vor Müdigkeit. Aber ich glaube, und

alle sagen es, es wird, so Gott will, ein Volltreffer.
Heute ist in der Berliner Illustrierten als Titelbild
mein »Falstaff«. Ich sende es Dir gleichzeitig mit
ein. Das ist wohl eine Riesenreklame, und man
sieht daraus, wie gut sie es finden und welchen
Wert sie der Sache beilegen. So eine Rolle, glaube
ich, werde ich wohl nie wieder zu spielen bekommen. Ich glaube, sie ist aus einem Guß, ein Jammer, daß Du sie nicht sehen kannst. Vielleicht
kommt der Film doch nach New York, das wäre
herrlich.

Donnerstag, 19. 12. 1935

Also gestern habe ich letzte Hand an den Scheiß-
film gelegt, und zwar hatte ich um halb zehn eine
Passage, wo ich über die Straße gehe und mit mir
selber redend die alte Sandrock eine giftige Klap-
perschlange nenne und in ihr Haus trete. Das war
um dreiviertelzehn fertig, da sagte man mir, ich
möge mich einen Augenblick ausruhen, so wartete
ich bis abends um dreiviertelsechs, da hatte ich an
der Tür zu klingeln, und meine Tätigkeit war hier-
mit beendet und der Film für mich fertig. Jetzt habe
ich mindestens vom 15. Januar frei und gehe dann
wieder in Wien ins Atelier mit einem, wie man mir
sagt, netten Film. Mit der Sandrock, die eine sehr
wilde Bestie ist, hatte ich ein Gespräch, wo sie mit
ihrer Generalsnote sagte: »Ihr Sohn Walter, hat er
noch das Verhältnis mit der C?« Ich sagte, davon ist
mir nichts bekannt.
  Sie: »Sie ist doch von ihrem Mann weg, weil sie
Ihren Sohn liebt.«
  Ich: »Auch davon weiß ich nichts.«

»Ja sagt er Ihnen denn gar nichts von seinem Leben?«

»Ich frage ihn nicht, er ist ein erwachsener Mensch und sagt mir nur das, was er will.«

»Also lassen Sie es sich von mir sagen, die beiden lieben sich, ist Ihnen das unangenehm?«

»Das ist mir nicht unangenehm, mein Sohn weiß sicher, wenn es wahr ist, was er will.«

»Schade, ich hoffte Ihnen etwas Unangenehmes mitzuteilen.«

Wie die alles um sich herum martert und tyrannisiert, davon machst Du Dir keinen Begriff. Als sie so anfing über den Film zu schimpfen und schrie: »Den Film hat Gott in seinem Zorn erschaffen«, da sagte ich: »Versündigen Sie sich nicht, Adelchen, wenn wir den Film nicht hätten, hätten wir beide nichts zu fressen.« Sie zuckte auf, schaute mich mit ihren bösen, großen Gorillaaugen an und sagte: »Sie sind etwas vorlaut, junger Mann.« Da sagte ich: »Ich danke für den jungen Mann, und der Film ist für uns beide doch herrlich.« Dann war sie wieder eine Zeitlang nett, und als ich ihr sagte, wie herrlich sie als Kassandra war, wo ich sie vor vierzig Jahren in Brünn sah, war sie ganz gerührt und sagte mir als Revanche für diese Eloge: »Ist Ihnen Ihr unappetitlicher Bauch nicht lästig?« Darauf ich: »Ich weiß nicht, was die Leute wollen, ich finde Sie gar nicht so bösartig, Sie sind ja hie und da bissig, aber ich finde die Bezeichnung ›Vitrioladele‹ übertrieben.« Darauf erhob sie sich und sagte: »Ihrem Mundwerk bin ich nicht gewachsen.« Ich: »Gott sei Dank.«

Kannst Dir denken, wie sich alle darüber freuten und was es für ein Gelächter gab. Mami war außer sich und fand es von mir brutal. Also sie ist bestimmt ein alter Narr, aber das Arbeiten mit ihr ist sehr unangenehm. Wir hatten eine Szene zusammen, wo wir streiten, die übrigens köstlich ist. Nun ärgert sie sich doch in Berlin, wenn irgendwer in Mährisch-Ostrau Erfolg hat. Als ich meine Szene in meiner Art spielte, sagte sie plötzlich: »Sagen Sie, machen Sie diese aufdringlichen Gockolores auch bei der Aufnahme? Oder nur zur Erheiterung des Ateliers bei der Probe?« Da sagte ich: »Nein, diese Gockolores haben mich so wahnsinnig berühmt gemacht und bilden jedenfalls das Wertvollste in diesem Film.« Und so hackelten wir uns zum Gaudium aller die ganze Zeit, so daß sie alle aufschrien vor Lachen und bedauerten, daß man das nicht festhalten konnte. Sie sagten, ich bin der einzige Mensch, der mit dieser Frau fertig wird, aber alles ist lustiger, scherzhafter Art, nichts Böses von meiner Seite. Aber auf die Dauer ist es doch sehr ermüdend. . . .

Wien, 25. 12. 1935
Mittwoch nach dem Anruf

Mein Gott, war das eine Aufregung. Ich sitze da und glaube, ich habe es nur geträumt, daß ich mit Dir in Amerika gesprochen habe. Als mir die Telefonfunze sagte, ich werde von Amerika verlangt, fiel mir der Kaffeelöffel aus der Hand, ich sagte, in fünf Minuten bin ich sprechbereit, stürzte zu Mami, die aus dem Bett flog und sich erst auf dringende Mahnung ein Hoserl und Strümpfe anzog. Gretel und Helga wurden aus dem Schlaf gerissen und erschienen gleich mit verpickten Augen, schlaftrunken und angstzitternd in der Meinung, es brennt. Kinderle, das darfst Du nicht mehr machen, schau, das kostet so viel Geld, und was hat man davon, eine so sinnlose Aufregung und Ergriffenheit, uferloses Herumstottern und schlecht Verstehn und ein Herzweh, wenn der Zauber vorüber ist . . .

Aber jetzt will ich den Heiligen Abend beschreiben. Um sechs Uhr sollte Bescherung sein und um acht Uhr das Essen. Die Bescherung war um halb neun und das Essen auf Grund großer Skandale meinerseits um halb zehn. Nach langen Jahren beschenkten Mami und ich uns wieder. Ich bekam einen Riesenstoß Bücher, alles, was ich im ganzen Jahr nur erwähnte, lag da. Mami, die Rührende, ist ja von einer so einzigartigen Aufmerksamkeit. Dann bekam ich zwei Thermosgefäße zum Essen ins Atelier Mitnehmen, weil ja dieser Schlangenfraß in der Kantine so unerfreulich ist. Einen neuen Bademantel, der auch als Zelt zu benützen geht, so riesig ist er, auch fürs Atelier, einen Schwamm zum überall Waschen, damit ich nicht Mamis Gesichtsschwamm nehme. Von Ehrlich bekam ich auf Grund der jährlichen Gans, die ich ihm seit Menschengedenken sende und bei der sich nachträglich immer herausstellt, daß es ein altes, hartes Viech war, schöne Marken, die ich gleich am Abend einpickte . . .

Also nach der Bescherung ging es ans Essen. Das Menü kennst Du, zuerst Roggensuppe, sie war heuer besonders gut, ich habe drei Teller gegessen. Mami sagte ganz schüchtern: »Ich weiß, Leoschi, heute hast du Freßfreiheit, aber meinst du nicht, daß dir schlecht wird?« Ich sagte: »Bestimmt«, und so war es auch. Der Fisch war eine Ode an die

Musik. Datteltorte, Kastanienreis, halt alles, was seit Menschengedenken in unserem Hause traditionell ist. Um halb elf gingen wir heidada, um halb drei wurde gespieben, und um drei Uhr lag ich wieder wohl und munter im Bett. Mami sagte ganz milde: »Siehste, Leo, ich hab's gewußt.« Na, und dann kam die große Überraschung und Aufregung – Dein Anruf.

1936

Wien, 1. Januar 1936

Die erste Zeile, die ich im neuen Jahr schreibe, das
erste Mal das Jahr 1936 im Briefe sage, ist an Dich,
mein geliebtes Kind, weil Du der verlorene Sohn
aus Amerika bist, der Wälduli, der dreckige Knabe,
der Lauser.

Also das neue Jahr haben wir im Bett erwartet,
haben Radio gehört, um zwölf Uhr haben alle Wiener Kirchenglocken geläutet, es war sehr feierlich
und erhebend, ich bin seit drei Tagen so niederge-
schlagen und habe sehr schweren Abschied vom
alten Jahr genommen. Es war so herrlich, hat uns
so viel Schönes gebracht. Erstens einmal die herrliche Ägyptenreise, dann die viele Arbeit, der große
Verdienst und Aufschwung in meinem neuen Beruf, meinen Falstaff, der Besuch unseres Sohnes,
Mr. Walter Slezak, Broadwaystar und Hochstapler-
boy, das Böswerden mit Bella, lauter Annehmlich-
keiten. Hoffentlich bringt das neue Jahr auch wieder Schönes, und wir können es mit Dir in Amerika
recht genießen. Die kurze Spanne Zeit, auf die wir
uns schon wie die Kinder freuen, also ich habe
schon alle Prospekte des Norddeutschen Lloyd, habe schon nach Berlin geschrieben, und wenn der
liebe Gott uns alle gesund sein läßt, fahren wir am
15. April mit der »Bremen« ab und sind am 21.

April in New York, wo mein Wälduli mit einem neuengagierten Chauffeur sein wird und vom Pier aus winki-winki machen wird. Oder solltest Du schon in der Quarantäne an Bord kommen? Wenn Du aber meinst, daß es für Dich besser ist, nicht an die »Bremen« zu kommen, so lieber nicht. . . .

Wien, 24. 3. 1936 Dienstag

Also gestern kam Dein gesprochener Brief, der uns sehr freute, konnten wir doch wenigstens Deine Stimme hören. Mit dem Nach-Amerika-Kommen geht es leider nicht, weil ich zuwenig Reservekapital habe und es im Film bei mir wie abgeschnitten ist. Kein Mensch frägt an, niemand meldet sich, und jetzt sind schon vier Filme nichts geworden, also ich scheine in einer Pechsträhne zu sein, die überwunden werden muß . . .

Da ich meine Kostüme aus der Oper weggeben muß, so will die Mami die Kostüme nach Egern mitnehmen, sie will sie absolut nicht verkaufen oder hergeben, das sollt einmal Ihr machen. Nun hat sich das Theatermuseum des Staatstheaters an mich gewendet und mich um Überlassung einiger Kostüme für das Museum gebeten. Also habe ich den ersten Akt »Othello« mit Helm und Rüstung und Waffen, dann den ersten Akt »Lohengrin« und Triumphakt aus »Aida« hergegeben. Es freut mich jedenfalls sehr, daß es einem richtigen Zweck zugeführt wird, da bekommt jedes Kostüm eine Glasvitrine und bleibt für unabsehbare Zeiten da ausgestellt. Den Rest der Kostüme nehmen wir mit nach Egern. Von Weininger habe ich einen Antrag nach Hollywood bekommen, habe aber abgelehnt, weil

ich für diesen Kampf, den Ärger und die Lebensbe-
dingungen dort nicht mehr jung genug bin. Karriere will ich keine mehr machen, was ich brauche,
verdiene ich mir in Wien, wo ich daheim und glücklich bin, also wozu soll ich mir das antun. Wer weiß,
wie lange ich noch zu leben habe, und da ist's schade um jeden Tag, den man sich bewußt verdirbt.
Also am 17. des Monats waren es vierzig Jahre, daß
ich in Brünn zum erstenmal aufgetreten bin...
Vierzig Jahre Berufsleben ist doch keine Kleinigkeit, ich erinnerte mich an alles wieder und sah mit
Entsetzen, wie rasend schnell das Leben an einem
vorbeisaust. Mir war es, als ob es gestern gewesen
wäre. Ich gedachte all der vielen Toten, die mir
geholfen haben, die gut zu mir waren. Ich wollte an
diesem Tag das Grab des alten Robinson besuchen,
aber durch meine Krankheit fiel alles ins Wasser.
Einige Blätter in Brünn haben den Tag aufgegriffen
und Aufsätze gebracht. Auch das »Wiener Tag-
blatt« und die »Presse« haben Aufsätze gebracht,
es wäre mir halt am liebsten gewesen, wenn es
spurlos vorbeigegangen wäre für die Außenwelt...

Wir hatten jetzt die ganze Zeit wunderbares
Wetter, die Sonne knallte herunter, die Bäume
schlugen aus, und das ging so schnell, daß auf einmal die Kirschen blühten. Ein Märchen ist diese
Umgebung von Wien, eine Stimmung, eine Atmosphäre der Lieblichkeit und des Gutseins. Ich bin so
glücklich, daß ich in dieser Stadt leben kann, in
dieser Wohnung im Herzen von Wien. Wenn ich
aus meinem Schreibzimmerfenster hinausschaue,
könnte ich heulen, wie schön das ist und wie wenig
Zeit ich noch habe, es zu genießen. Ich war in den
letzten Tagen sehr nervös und verstimmt, weil sich

im Film nichts rührte. Gerade gestern bekam ich zwei Anträge. Einen Film in Prag deutsch und tschechisch im Juni und einen in Wien. Ich habe ein schreckliches Naturell, solche Minderwertigkeitskomplexe überfallen mich gleich, wenn ich einmal nicht fortwährend arbeite und Filme ablehne. Da sehe ich schon, wie ich verarme und wie ich mit der geliebten Mami auf die alten Tage darben muß...

Wien, 12. 6. 1936

... Am 18. habe ich Playbacks zu meinem Lied für den Film »Frauenparadies«. Wieder ein Liedl vom Wein, zum Kotzen, Sodbrennen bekommt man von den vielen Weinliedern. In Berlin sind Abänderungen der Titel im Schwange. Der Ober im Restaurant heißt jetzt »Serviermeister«, der Zuhälter heißt »Reichslochwart«, und die Hure heißt »Volksempfängerin«. Bei der Musterung zum Waffendienst hier in Wien wird nach Namen und Geburtsdaten gefragt. Da heißt es: »Sind Sie vorbestraft?«

»Jawohl, sechs Monate wegen Naziumtrieben.«

»Untauglich.«

Der zweite: »Sind Sie vorbestraft?«

»Jawohl, wegen Naziumtrieben.«

»Untauglich.«

Jetzt kommt ein kleiner Jude: »Sind Sie vorbestraft?«

»Nein.«

»Tauglich, Heil Hitler!«

Also es werden erst die Leute, die im Jahre 1915 geboren sind, gemustert, im nächsten Jahre 1914 und so fort, dann bist Du inzwischen 104 Jahre alt, bis Du dran kommst. Es wurden nur 15 000 Mann genommen, weil sie keine Monturen und keine Waffen für mehr haben.

Meinen Falstaff-Film habe ich mir angesehn, also er ist verheerend schlecht, ganz ruiniert. Meine Rolle ist sehr gut, aber der Film ist eine Katastrophe, die Leute haben schon recht...

Die Betti und unsere Hausschneiderin haben gerauft, die Hausschneiderin bekam ein verbranntes Schnitzel, als sie sich darüber beschwerte, kam die Betti, zerkratzte ihr das Gesicht, und die Schneiderin hat der Betti mit dem verbrannten Schnitzel das Gesicht massiert und die Semmelbrösel in die Nase gestopft. Also Betti kommt im Herbst nicht wieder, außer wir kriegen keine ständige Köchin, was ich als sicher annehme...

Montag, 7. 9. 1936

Ich bin in derart schlechter Stimmung, daß ich nicht schreiben wollte. Ununterbrochen diese Grübeleien. Der Propagandaminister hat in einer Rede gesagt, daß alle Filmgagen der Prominenten um mindestens fünfzig Prozent gekürzt werden müssen. Also lebe ich auch in dieser Erwartung, denn das wird dann Gesetz, und man hat die Wahl, entweder nicht arbeiten oder billig arbeiten... Wie schrecklich es in Europa politisch aussieht, wirst Du ja aus den Blättern wissen. Ich lese jetzt »Mein Kampf«, wenn Du es kaufen kannst, lies es, es ist eines der mißverstandensten Bücher, die ich je las. Wann wirst Du eigentlich amerikanischer Staatsbürger? Beschleunige es, um Gottes willen, beschleunige es.

Wien, 25. 9. 1936

... Die Versöhnung Österreichs mit Deutschland ist eine große Annehmlichkeit, so daß Gretel wieder heimfahren kann, wenn sie will, weil die Tausend-Mark-Sperre aufgehoben ist. Aber ich habe nicht viel davon, denn in den Zeitungen fangen die Sticheleien schon wieder an hüben und drüben. Jetzt soll wieder ein Judengesetz, ein neues kommen, wo es den Juden verboten ist, in deutscher Sprache zu schreiben. Ihre Theaterstücke, die sie im Jüdischen Kulturbund aufführen, sollen nur in Hebräisch stattfinden dürfen, das ja kein Mensch lesen und schreiben kann. Die deutsche Sprache soll ihnen verboten werden. Dagegen haben sich viele leitende, hervorragende Juden gewehrt, da wurden sie gleich verhaftet und ins Kriminal gesteckt. Auch die Geschäfte sollen ihnen alle weggenommen werden, so daß sie gar keine Möglichkeit haben, ihr Leben zu fristen. Aus dem Buch Hitlers ersehe ich, wie er sie aus dem kulturellen Leben der Nation entfernen will. Diese grausamen Verfolgungen von effektiven Leichnamen finde ich entsetzlich, und das muß die ganze Welt wieder von neuem abstoßen. Denke Dir, Hans Albers hat doch seit zehn Jahren mit der Tochter von Schauspieler Burg gelebt, er hat sie gerne und wollte vor einem Jahre heiraten. Inzwischen kam das Gesetz, daß ein Arier keinen Juden heiraten darf, und jede außereheliche Verbindung eines Christen mit einer Jüdin und umgekehrt wird mit Zuchthaus bestraft und als Rassenschändung verfolgt. Nun muß sich der arme Kerl von seiner geliebten Gefährtin trennen und darf sie nicht mehr wiedersehen. Die Gretel Walter,

Brunos Tochter, die die Frau des Filmproduzenten
Neppach ist, sagte uns in Egern, Albers sei ganz
verloren und raufe sich die Haare, daß er seine
Freundin nicht vor dem Herauskommen des Geset-
zes geheiratet hat. Er soll ganz verstört sein und
gesagt haben, er möchte am liebsten seinem Leben
ein Ende machen. . . .

Wien, Dienstag, 13. 10. 1936

Du hast uns so verwöhnt, daß wenn einen Tag nicht
drei Briefe auf einmal kommen, wir Dich schon als
schreibfaul empfinden. Aber das hindert mich
nicht, daß ich schreibe und Dir gehorsamst melde,
daß ich nichts zu melden habe. Wir sind noch immer in Wien, sollten schon eine Woche in Prag drehen, und jetzt sollen wir heute eine Außenaufnah-
me machen, ich am Kutschbock als Fiaker durch
die Stadt fahrend. Aber das Wetter ist so fürchterlich, daß man meint, man schaue sich in den Hintern und es käme nur durch irgendein Versehen
etwas Licht hervor. Diese Außenaufnahmen habe
ich gefressen, und namentlich im Herbst, wenn man
wie ein Affenpinscher friert und auf jeden Sonnenstrahl lauern muß, schrecklich ist das. Mit dem
Zahlen ist das auch betrüblich, eine konstante Stok-
kung, ich rief jetzt wieder an und meinte, daß ich
nicht eher abreise, bis die ersten 5000 Schilling, die
im Vertrag versprochen sind, erlegt sind. Das prallt
an den Leuten ab, sie sagen, ich möge ganz beruhigt sein, es kommt alles in Ordnung. So sitze ich da
als Meuritiker – das kommt von *meure* – Angst –
und warte jeden Augenblick auf den Moment, wo
es heißt, der Film ist aus Mangel an Beweisen ge-

platzt. Momentan sitze ich in einer Pepita-Hose und einer Wasserer-Schleife da und warte. Gestern war Marischka da und las mir das ganze Buch vor, von drei bis halb acht, ich war schon tot und habe gar nicht mehr zugehört. Die Rolle ist entzückend, voll des altväterlich-sonnigen Humors, der für unsere Nerven schwer tragbar ist. Die gute alte Zeit wird besungen. Zwiegespräche führe ich mit meinen Rössern, denen ich all meine in mir schlummernden Gefühle sage, zum Kotzen, und poltere als gutmütiger Adelerich durch den Film. Adelerich kommt von Adele, Adele von Sandrock, daher polternder Adelerich. . . .

Gestern abend waren wir im Theater an der Wien: »Axel an der Himmelstüre«, ein faszinierendes, süßes Stück von Morgan und Benatzki mit Max Hansen, der zum Fressen ist, und einer Schwedin, Zarah Leander, ein schönes Riesenweib mit einer Baßstimme und eine glänzende Schauspielerin. Es ist jeden Tag ausverkauft . . .

Sonntag, 21. 11. 1936

Dein Brief hat uns recht traurig gemacht. So ein Pech, daß das gerade jetzt sein muß, wo Du diesen Film bekommen hast. Es ist schon manchmal so eine Pechsträhne, und man kann machen, was man will, alles geht schief. Wie wäre es, mein Kind, wenn Du, um diese häßliche Allergie loszuwerden, nach Hause kämest und Dich da auskurierst? Denn was sollst Du da im fremden Lande herumsitzen. Mir ist auch sehr mies, ich sitze da im Sanatorium und warte aufs Gesundwerden. Jetzt sind wir vier Tage da, und ich fühle noch keine Besserung, sitze

herum und bin unglücklich, weil ich so zum Nichts-
tun verdammt bin. Am Dienstag kommt das Gre-
terl auf zehn Tage her, wir freuen uns sehr, obzwar
sie immer so eine Unruhe mitbringt, weil sie immer
etwas macht, was ihr schadet und uns aufregt. Mach
Dir keine Sorgen, mein geliebtes Kind, Du bist
jung, alles wird noch gut werden. Du hast die Welt
vor Dir und wirst sicher eine große Karriere machen. Ich bin ein alter Mann, erledigt und abgedak-
kelt, ich habe nichts mehr vor, als auf den Tod zu
warten. Dieses ganze Getue ist ja doch für die Katze, im 64. Lebensjahr hat man auf dieser Welt
nichts mehr zu erwarten. Ich sitze da und grüble
und spintisiere und kann es nicht fassen, daß dieses
so reiche, begnadete Leben zu Ende sein soll.
Wenn ich wenigstens so plötzlich hinübergehen
könnte, aber ich weiß nach den Schmerzen und
Krämpfen, die ich jetzt bei jedem Anfall durchzumachen habe, daß es ein schweres Alter und schweres Dahinsiechen sein wird, das mich erwartet. Ich
habe manchmal Krämpfe, die über eine Stunde
dauern, wo ich nur schreien möchte. Auf der Brust
krampft sich's mir zusammen, die Arme werden
mir herausgerissen, die Zähne schmerzen rasend,
ich liege da und wimmere und stöhne, die arme
süße Mami über mich gebeugt, ganz verzweifelt
und weiß nicht, was sie machen soll, um mir zu
helfen. Dann vergeht es wieder, und es ist, als ob
nichts gewesen wäre. Aber diese Angst, in der ich
fortwährend bin vor so einem Anfall, ich traue
mich kaum ins Bett, nach jedem Bissen zittere ich
vor Angst, es ist entsetzlich. Und das wird ja jetzt
immer so sein, am laufenden Band, diese Sorge,
diese zermürbende Angst. Die Ärzte sagen zwar, es

ist nichts und wird wieder alles, wie es war, aber ich bin leider zu hellsehend und mache mir nichts vor. Daß es mit dem Herzen nichts zu tun hat, steht ja fest, weil das Elektrokardiogramm, das am 21. Oktober in Prag gemacht wurde, ganz ausgezeichnet ist und keinerlei Veränderungen zeigt. Es soll vom Zwerchfell und Überfressen sein, also hoffentlich haben sie recht.

Sonntag, 27. 12. 1936

. . . Ich habe ein so schweres Herz für Dich gehabt, ich weiß, wie das ist. Ich habe schon einige Male vor einer Situation gestanden, wo ich mich mit dem Gedanken vertraut machte, alle unsere lieben Sachen zu verkaufen und eine Drei-Zimmer-Wohnung zu nehmen, weil ich nichts verdiente, und im letzten Augenblick hat sich wieder alles in Wohlgefallen aufgelöst. Dieser schreckliche Sommer 32, als alle Verträge in der Wiener Oper annulliert wurden und ich nicht wußte, ob man mich noch engagiert mit 59 Jahren. Diese Konzert-Tournee durchs Rheinland, wo ich bei jedem Konzert ca. 150 bis 300 Mark zuzahlen mußte, nicht wußte, was geschehen wird, erst bis die Erlösung mit dem »Gasparone« mit dem Komiker kam. Na, mit Gottes Hilfe renkt sich alles bei Dir ein, und ich bin schon zufrieden, wenn ich im Jahr vier Filme mache, und mit meiner Rente geht es schon gut aus.

1937

29. März, Ostermontag, Wien

Lange habe ich Dir schon nicht mehr geschrieben.
Ich stecke von früh bis abends im Atelier, und am
Abend bin ich so müde und verstimmt. Diese Rolle
ist der größte Dreck, den es gibt, und ich bin wirklich nur dazu da, um dem Moser die Stichworte zu
geben. Bei diesem Film bin ich wirklich hineinge-
saust. Nicht genug an dem, daß ich den englischen
Film verloren habe, nun den Leuten fast drei Monate zur Verfügung stehe, hat der Moser einfach
die Rolle des Rechtsanwalts an sich gerissen. Er
spielt bei jedem Abgang seine mimischen Solosze-
nen und erschlägt damit alles Vorhergegangene.
Ich muß ja auch schrecklich über ihn lachen, mag
ihn auch sehr, ein schrecklich lieber Kerl, aber spielen mag ich nicht sehr gern mit ihm. Dabei darf
man nicht viel reden, weil es sonst wie ein Lauffeu-
er durch den Wald geht: »Slezak ist auf den Moser
eifersüchtig.« Also es ist ja egal, man nimmt ja alles
viel tragischer, als es ist. Was haben wir uns im
Leben oft gekränkt, aufgeregt und geärgert, und
wenn man so zurückblickt, sieht man, wie blöd das
Getue alles war. Alles geht in den Orkus, alles geht
vorbei, bleiben tut nichts als Herzweh, daß alles
vorüber ist. Diese sogenannte Erinnerung, die einem
alles Erlebte ersetzen soll, ist ein totes Surrogat.

Wenn ich jetzt all die Hymnen lese, die man über mich geschrieben hat, so hab' ich höchstens ein schweres Herz, daß ich zu heulen anfange und mir wie ein von seinen Masten und Segeln beraubtes Wrack vorkomme. Da liegen die ganzen Mammutfolianten in der Bibliothek, die unsere Mami das ganze Leben gepickt hat, und wer wird sie je ansehen? Ihr Kinder werdet Euch nicht die Mühe nehmen, für Euch ist ja alles viel zu langweilig; das wird irgendwo am Mist enden, ein wertloses Zeug, das keinem Freude macht, und so viel Mühe hat die geliebte Mami gehabt, und so viel Geld hat es gekostet. Aber sie pickt unentwegt weiter und klebt all den Kinokram gewissenhaft ein, die Liebe. Ach, einesteils ist ja diese Filmsache irgendwie traurig für mich, weil sich kein Mensch mehr erinnert, wer ich als Sänger eigentlich war, für meinen sogenannten Nachruhm ist es der Tod. Aber was hab' ich schon vom Nachruhm, Ihr Kinder wißt, wer Euer Vater war, was er gekonnt hat, aber das macht nichts, das soll meine letzte Sorge sein. Aber ich bin seit Monaten in einem Zustand einer Gemütsdepression und muß fortgrübeln, was sein wird, wenn ich hier alles verlassen soll, da krampft es mir das Herz zusammen, und ich geh' herum, wie wenn ich schon gestorben wäre. Ach und so viel hätt' ich noch zu sagen, zu besorgen, zu lesen und zu sehen. Ich weiß nicht, woran es liegt, ich habe ja doch ein Märchenleben in meinem lieben Heim mit Mami darinnen, sitze selig da jeden Tag, habe keine Sorge, außer um Dich, aber das ist ja nur vorübergehend und ändert sich von heute auf morgen. Mit nichts hab' ich eine Freude, nichts schmeckt mir noch so richtig, sogar die Zigarre ist nicht mehr dasselbe wie früher, fort und fort hab' ich das Gespenst meines Todes hinter mir. So viel hätt' ich mit Dir, mein Kind, zu besprechen, denn mit dem Kleingehirn Deiner Schwester kann man ja nichts Ernstes reden. Du sollst über alles informiert sein. Wenn ich auch alles zu Papier gebracht habe, so muß man doch vieles mündlich sagen, um es Euch dann leichter zu machen. Aber weg jetzt mit diesen Gedanken, die mich ausschließlich verfolgen und keine rechte Freude aufkommen lassen. Vielleicht ist das mein Ring des Polykrates. Mein Gott, wenn sich das erfüllen würde, daß Du eines Tages kabelst, daß Du kommst, wie glücklich wären wir da! Ich habe alle Filme, die nach dem 10. Mai gekommen sind, abgelehnt. Wozu soll ich diese kurze Spanne Zeit, die mir noch vergönnt ist, in der schönen Sonnenzeit opfern, ich denke nicht daran. Ach, noch bißl Genuß zusammenraffen, genießen. Wir haben unserem Beruf viel zu viele Opfer gebracht, das wäre nicht nötig gewesen. Schon einmal war alles umsonst, wie die Inflation kam und alles mit einem Schlage zunichte machte, was man sich in einem Menschenleben aufgebaut hat. Freilich sind wir da noch die Begnadeten unter allen, wir haben nur Geld verloren, andere haben alles geopfert, Gesundheit, Leben, Kinder oder Väter. Wir haben ja den Krieg eigentlich ganz ohne jedes Opfer erlebt, hatten alles, hatten genug zu essen, was die andern nicht hatten. Aber das wäre alles gleich Null, wenn nicht die schreckliche Angst vor dem Sterben wäre. Ich lebe so gerne an der Seite Mamis. . . .

Verflucht, jetzt bin ich schon wieder auf der Jammerwalze. Der Unterschied von Untam und Neb-

bich: der Untam läßt alles fallen, und der Nebbich
klaubt es nebbich auf...

13. April 1937

Herrgott, das wäre fein, wenn Du mein Kind her-
kommen könntest. Nur komme diesmal ohne Wagen, nur mit dem Stinkhund, man wird ihm außerhalb Wiens, oder wo wir sind, im Freien ein Bläh-
fried machen, und da kann er stinken, soviel er will.
Wir denken und sprechen so oft, wie schön das wäre, wenn wir einmal ein Kabel bekämen, daß Du
Dich mit einem lieben Mädel verheiratet hast oder
willst und Dich in ein warmes Nest außerhalb des
Theaters setzt. Denn das Leben beim Theater ist in
der jetzigen Zeit, wo man nie sagen kann, jetzt bin
ich gesichert, entsetzlich. Wenn man nicht im Film
unterkommt und auf einmal größere Summen verdient, wo man sich bißl was auf die Seite legen
kann, ist es eine traurige Bettelei und eine Sorge
am laufenden Band. Früher hatte jede kleine Stadt
ihr Theater, hatte ihre Oper gehabt, und wenn man
seinen Fähigkeiten entsprechend entweder an
einem großen Stadttheater oder Hoftheater war, ist
man dageblieben, hat sein, wenn auch nicht über-
wältigendes Auskommen gehabt, wurde nach 25
Jahren auf einen mit Lorbeeren bekränzten Stuhl
gesetzt und geehrt. Dasselbe wiederholte sich nach
40 Jahren, dann wurde man Ehrenmitglied und
wurde von der Bevölkerung gegrüßt und ging in
Pension. Das ist nun alles zerstört, das Radio ver-
mittelt den Provinzlern im tiefsten Ludwigswalde
große Künstler, große Sänger, und das Kino zertritt
all die frühere behagliche tüchtige Talentlosigkeit,

und alles gehört jetzt in die Würschte. Heute soll man mit dem Theater nichts mehr zu tun haben, wenn man ein bißl eine Herrennatur ist.

Wien, 8. Juli 1937

Na, danken wir dem lieben Gott, daß es so ausgegangen ist. Professor Hirsch haben wir gar viel zu danken, der ist zu Denk gefahren und hat ihm gesagt, er soll nicht operieren, die Familie wünscht, daß es Professor Pichler macht, der liebe, geniale Mensch. Mami sagt, wie er beim Zimmer hereinkam, hat sie gewußt, daß alles gut wird. Dieser kleine Mann, der so gar nichts aus sich macht, nur still und ruhig, zielbewußt an die Arbeit geht, das ist ein herrlicher Mensch, ich möchte ihn am liebsten jedesmal abbusseln. Stell Dir vor, ich habe zusammengezählt, daß ich bis jetzt 19 Ärzte hatte, darunter fünf Professoren und zwei Dozenten. Ich zähle sie Dir alle auf, es ist haarsträubend. Gestern spürte ich am Waden eine kleine empfindliche Stelle, die ich dem Arzt zeigte, er verbot mir sofort aufzustehen, nicht einmal ins Badezimmer, mich waschen, hat er mir erlaubt. Es wurde der Professor G. geholt, und der konstatierte eine Venenentzündung im Anfangsstadium, es muß sofort der Spezialist dafür, Dr. W., her, der mir einen Zinkleimverband anordnete. Ich muß liegen, bekam jede halbe Stunde einen Essigsaure-Tonerde-Umschlag, heute früh kam der Prof. F., und damit er auch was verdient, kam G. mit, den wir zum Krenreiben benötigen. Ein kleiner, lieber Jud machte mir einen Zinkleimverband, dabei standen vier Doktoren herum. G. nahm den Zinkleimschurl beiseite, da rechnet er nämlich als Konsultation 20 bis 30 Schillinge mehr, da war der Chefarzt Dr. M., der Sanatoriumsbesitzer, der Oberarzt Dr. S., der sogenannte Urin-S., weil der der Mann ist, der die Harnmengen und deren Inhalt kontrolliert, dann der Dr. F., ein Namensvetter vom Zinkleim-Fritzen, der ist ein letzter ärztlicher Shammes, hat den Speisezettel zu machen und den Stuhlgang zu registrieren. Sie standen alle gewissenhaft im Kreise herum und dachten nach, ob sie mir nicht noch irgend etwas abknöpfen könnten, irgend einen Spezialisten oder eine Kurzwelle irgendwohin. Also ich sag' schon gar nichts mehr, ich mache die Augen zu und warte auf die Rechnungen. Ich glaube, das wird ein harter Aderlaß werden, aber das macht nichts, wenn ich heute nicht mehr wäre, würde das Begräbnis auch viel gekostet haben. Aber ich koche vor Wut, wenn ich so sehe, wie sie sich gegenseitig die Hände waschen, der kleine H. war bei mir aus dem Sanatorium und hat mir einen kleinen Separatvortrag über die Ärzte und Professoren gehalten. Einer gönnt dem andern nicht das Brot.

Na, heute bin ich ja wieder ein Lebemann. Mami geht herum und behütet mich. Wenn ich mich schneuze, will sie es auch für mich tun, damit ich mich nicht anstrenge. Jetzt, wo ich genau alles weiß, welcher Gefahr ich entronnen bin, freue ich mich über jeden Dreck und bin ein aufgelegtes Lämmchen, so sanft und geduldig. Auch das wird alles vorübergehen, auf einmal werde ich ganz gesund sein, in Egern und mein Leben wieder genießen. Traurig an dem Ganzen ist nur, daß Du armer, lieber Kerl Deinen Urlaub so versaut hast und Deine ganze freie Zeit in dieser Atmosphäre von Zores und Schmerzen zubringen mußtest. Aber ich nehme es mir fest vor, im Mai nächsten Jahres, wenn Du nicht heimkommst, setze ich mich mit Mami auf die »Bremen«, und wir fahren zu unserem lieben Buben, der uns so sehr ans Herz gewachsen ist, trotz seiner Renitenz, seiner Opposition dem Patriarchen gegenüber, trotz seines Scheißschnurrbarts und seiner unmöglichen Trikots. Mich kann nur die Galle fressen, daß Du Dir einredest, daß es so richtig ist, wie Du aussiehst, daß es in Arizona so modern ist. Herrgott, wird das fein, wenn Du am Pier stehst und uns erwartest!

Egern, Sonntag, den 25. 7. 37

Mein geliebtes Kinderle, mein Wundersohn, mein Ibsentragöde! Also Gott sei Dank, Du hast es hinter Dir und hast einen großen Erfolg gehabt. Wir sind sehr glücklich darüber und hoffen jetzt, daß es recht einschlägt und Du diesen Zores am laufenden Band noch im Mai spielen kannst, damit wir Dich auch als Tragöden bewundern können, denn wir wollen ja wieder einmal herzlich lachen.

Denke Dir, ich wiege achteinhalb Kilo, oder was fulminanter klingt, 17 Pfund weniger, aber ich weiß nicht, wo ich das abgenommen habe, denn der Scheißbauch ist immer noch da, obzwar man es allgemein bemerkt, daß ich dünner geworden bin. Ich habe eine wunderbare Diabetikerpreßwurst entdeckt mit großen Speckstückeln drinnen, aber Mami hat sie mir nicht erlaubt, sie sagt, es gäbe keine Diabetikerpreßwurst. Ich machte mich erbötig, die Speckstückeln herauszukletzeln, aber auch das erlaubte sie nicht. . . .

Egern, Dienstag, 7. 9. 37

Am Ersten fuhren Mami und ich in die Schweiz und erlebten vier unvergeßliche Märchentage. Morgens um neun ging's über den Grimselpaß, also es fehlen einem die Worte, so etwas Grandioses, alles bei strahlendem Wetter. Aßen am Rhonegletscher zu Mittag, und ich war mit Mami in einer Eishöhle, die in den Gletscher gehauen ist, wo ich die Liebe erfolgreich fotografierte. Sie sah noch nie so häuslich aus wie in der Gletscherhöhle, sie ist direkt eine Gletscherhöhlenschönheit. Ein Mann blies scheußlich und falsch auf einem vier Meter langen Alpenhorn und verschandelte die Gegend. Ich mußte natürlich wieder Autogramme und Wimpel beschreiben und war sehr populär. Dann fuhren wir nach dem Essen über den Furkapaß in einer geradezu phantastisch romantischen Gegend nach Andermatt, dann Oberalppaß nach Chur, wo ich, ich weiß nicht wieso, ein Klosettuch mitgehen ließ, das ich seines geringen Wertes wegen wieder zurückschickte. Hinter uns, auf der Furka, fuhr ein Italiener, der bei dieser engen Straße und dem Staub durchaus vorfahren wollte und wie irrsinnig tutete; selbstverständlich dachte ich nicht daran, ihn vorzulassen! Er zersprang, was mich sehr freute. Endlich in Disentis, einem größeren Ort, wo asphaltiert war, ließ ich ihn vor, er nannte mich einen Porco, ich lächelte ihn freundlich an und zeigte mit der Hand, er solle sich aufhängen, was einen noch größeren Tobsuchtsanfall auslöste, an dem sich seine Frau, auch eine Klafte, beteiligte. Ich lächelte maliziös, sarkastisch und zeigte immer wieder, er möge sich strangulieren. Dann fuhr er ganz langsam weiter, in der

Hoffnung, daß wir jetzt seinen Staub schlucken würden. Aber wir blieben in der herrlichen Gegend stehen, und in einigen Minuten gab er es auf und fuhr weiter. Auch auf der Grimsel wollte ein Preuß mit einer Hermannsgoschen vorfahren, mit dem machte ich dasselbe, erst in einer Ortschaft ließ ich ihn vor, weil Mami das Geblase nervös machte; auch da zeigte ich ihm, er soll sich aufhängen, das ist viel besser als schimpfen, da ärgert sich so ein Bocher mehr, als wenn man mit ihm brüllt und ihn einen Gebirgsaffen nennt. Am Grimselhospiz trafen wir ihn, er schaute sehr beleidigt, aber angesichts meiner körperlichen Ausmaße sagte er nichts und begnügte sich nur mit finsteren Blicken. Ich lächelte ihn auch sehr lieb an, und er kämpfte mit einem Schleimschlag vor Galle. So hatten wir außer der herrlichen Gegend auch noch separate Divertissements.

27. Oktober 1937

... Vor einigen Tagen mußte ich in Berlin zu einer Ramasuri der Kulturkammer im Propagandaministerium mit Gretel hingehen. Also es war sehr, sehr interessant. Die Räume des alten Palais, ganz Deutschland war da, einfach alles. Alle Dichter, Maler, Bildhauer, Bühne, Film, kurz das Ganze. Gründgens war da und Frau, und Helene Riefenstahl, Pola Negri, Tschechowa etc. Absagen kann man bei so einer Affäre natürlich nicht, dann ist man erledigt. Also machte ich gute Miene *au mauvais jeux* und hielt mich an dem Essen, das märchenhaft war, schadlos. Ich saß lange mit dem Regisseur Karl Fröhlich zusammen, der auch von Dir sprach, überhaupt hat sich alles nach Dir erkundigt. Die Tschechowa fragte: »Was macht mein Walter?« Furtwängler war auch da. Als wir kamen, kam Goebbels und begrüßte mich. Ich schämte mich sehr. Mami lag daheim im Bett und hatte Angst um mich, weil ich so ungern hinging und in einer Stunde wieder daheim sein sollte. Ich soll bei Fröhlich einen Film machen, »Heimat« von Sudermann mit Zarah Leander, die Rolle soll auf mich geschrieben sein.

Gretel geht heute total heiser in strömendem Regen mit einer Büchse sammeln, sie muß. Morgen soll sie singen.

17. Dezember 1937

So brav bist Du jetzt mit dem Briefeschreiben, wir sind selig, die Mami und ich, wenn ein Brief von Dir kommt. Also gottlob, jetzt bist Du Amerikaner, und in 90 Tagen hast Du Deinen Paß und darfst mit einem leutselig sein und vor allem ohne Sorgen nach Hause kommen und die Leute steßn, es wird sich keiner trauen, einen Amerikaner zurückzusteßn. Daß Du ein Filmdichter geworden bist, ist vielleicht vom lieben Gott, daß Du vom Theater unabhängig bist. Also Mami und ich finden das Exposé entzückend, wir beten zu Gott, daß es angenommen wird. Dann wärst Du mit einem Schlag aus allen Kalamitäten und drinnen in der Produktion, denn ein Erfolg auf diesem Gebiete kriegt Junge, und man hat es dann leicht, den größten Dreck anzubringen, wenn man bekannt ist. Was für ein schreckliches Niveau und welche Geistesarmut diese Drehbücher hier haben! Ich glaube, daß

Du mit diesem Stoff sehr viel Erfolg haben müßtest. Sei nur recht dahinter beim Drehbuchmachen, daß man es Dir nicht versaut, dabei mußt Du sein und am Dialog mitarbeiten, sonst schleichen sich Sachen ein, die einem alles verderben.

Es ist so schön, wieder in Wien zu sein, wenigstens kann ich Dir, ohne Angst vor der Zensur zu haben, schreiben, wie die Verhältnisse in Deutschland sind.

Mami machte mir große Vorwürfe über meinen letzten Brief, in dem ich vom Empfang im Ministerium schrieb. Alles zittert ja um seine Existenz und nicht nur um die Existenz, auch um sein Leben.

Die Sache mit Karl Fröhlich und dem Film »Heimat« bei der Ufa wird sehr schwer. Es ist eine schöne Rolle, aber sie wollen nichts zahlen. C. ist auf dem hohen Roß, und jedes zweite Wort ist: »Jetzt sind wir staatlich und müssen die unsagbaren Phantasiegagen ausmerzen.« Und jeder Satz ist voll Drohungen, bei jeder Gelegenheit wird einem zu verstehen gegeben, daß man die Macht hat, einem die Arbeit unterbinden zu können. Am 15. Januar soll es ins Atelier gehen, ich bin neugierig.

1938

Donnerstag, 6. Januar 38

Gestern war Premiere von »Gasparone«. Also ich
bin ein Baum im Walde, man ist jedem Humor
ängstlich aus dem Wege gegangen, und wir durften
unsere Rollen nur aufsagen, damit wir nur ja nicht
in den Geruch kommen, spaßig zu sein. Marika
Rökk ist entzückend, eine blutjunge Ungarin, ein
geniales, mit Talenten temperamentgeladenes Ge-
schöpf, eine Artistin, die reitet, macht Saltos, tanzt
Seil, arbeitet am Trapez, macht die waghalsigsten
Sachen als Luftakrobatin und ist dabei eine faszi-
nierende Schauspielerin mit einem geradezu entzückenden Humor. Sie hat den um 25 Jahre älteren
Regisseur Jakobi geheiratet, einen sehr netten,
aber verbrauchten, blasierten Mann, den sie, vorerst wenigstens noch, sehr liebt. Sie ist heute bei
uns zu Tisch. Nach dem Essen müssen wir ins Apol-
lo, Autogramme geben, also ist die Mittagsangele-
genheit eine ganz kurze. Der Tenor Heesters ist ein
sehr netter Holländer, aber mit einer ganz beläm-
merten kleinen Schnofeltrompetenstimme . . .

Wien in der Ostmark, 19. März 1938

Ich habe jetzt eine Zeitlang nicht geschrieben, es
war eine so aufregende Zeit, daß man beim besten

Willen nicht imstande war, einen klaren Gedanken zu fassen, es hat sich ja alles bei uns abgespielt. Tag und Nacht Jubelgeschrei, Truppen über Truppen, herrliches deutsches Militär, das herrlichste der Welt, es war überwältigend, wirst ja sicher alles in den Blättern gelesen haben. Jetzt sind wir an Deutschland angeschlossen, was ja auch herrlich ist und von uns allen in Österreich so ersehnt wurde. Wir sind alle gesund, unsere armen Freunde in der Stadt, die tun uns furchtbar leid, und wir sind, wie Du Dir, mein Kind, vorstellen kannst, unsagbar beeindruckt. Wenn jetzt die Tage der Unordnung und des Umsturzes geklärt sind, und es ist ja heute schon viel besser, wird sich sicher alles auch hier in erträgliche Bahnen lenken. Bitte, schreibe nicht an unsere Freunde, schreibe nur nach Hause und mache keinerlei Bemerkungen, denn was in ruhigen Zeiten als ganz selbstverständlich und unbeachtbar harmlos gilt, wird in solchen Umbruchzeiten, bevor noch alles in die ruhigen Bahnen gelenkt ist, oft mißgedeutet und als Vergehen angesehen, und so kann uns unverschuldeter Schaden treffen. Also schreibe nur über Dich und unsere Familiensachen und sonst kein Wort. Es wird alles wunderbar sein und schön werden. Im Juli, wenn Du kommst, was wir mit allen Fasern ersehnen, wird schon alles geklärt und in die Wege, die alle Welt beruhigen, geleitet sein. Wenn Du kommst, bringe den Hund mit. Wir holen Dich in Bremen ab, Mami und ich, dann besprechen wir alles, was für die Zukunft auch wegen unseres letzten Willens zu besprechen ist. Wir bekommen als Bestandteil des Deutschen Reiches, so wie Bayern oder Sachsen, die Markwährung, der Führer hat bestimmt 2:3, also für eine

Mark ein Schilling fünfzig, das ist sehr human und
wird allgemein mit Jubel dankbar empfunden. Es
wird dann auch das Chaos aufhören, in Mark verdienen und in Schillingen leben und keine zur Verfügung haben. Wie schade, mein geliebtes Kind,
daß Du gerade jetzt nicht hier sein kannst und all
das einfach Wunderbare miterleben kannst und,
schon sieben Jahre in Amerika, Dir eine Existenz
geschaffen hast, also nicht mehr zurück kannst!
Wenn es geht und wir die Bewilligung bekommen,
besuchen wir Dich als Deine Gäste in New York,
denn Devisen werden wir wohl keine bekommen,
da wirst Du halt 14 Tage Deine Eltern bewirten
müssen. Im übrigen besprechen wir alles im Juni,
wenn Du zu Hause bist. Wenn wir dann alle zusammen sind, werden wir alles in Ordnung bringen,
damit wir ruhig sterben können.

Meinen Wagen hat man bei der Übernahme
Österreichs gleich beschlagnahmt. Josef mußte SA
und Polizei fahren. Da war ich oben in der SA-
Stabskanzlei, man war sehr nett zu mir und hat mir
gleich einen Schein angeboten, daß mein Wagen
unantastbar ist. Ernst Schlesinger haben sie beide
Wagen beschlagnahmt und nicht freigegeben, aber
das kommt alles. Wir leben in einer großen, großen
Zeit, mein Kind.

Samstag, den 9. April 1938

Unsere O. ist so ahnungslos, was vorgeht; beim
Einmarsch der Truppen fragte sie immer, was denn
da so viele Leute auf der Gasse machen, da hab' ich
ihr erklärt, daß die Weißhapl Gratiswürstl an die
vielen Menschen verteilt.

»Warum schrein's denn dann so?« fragt sie.

»Weil sie keinen Senf dazu bekommen.«

»Ja warum kriegns' denn kein Senf? Ist dös wahr, Elsa?«

»Ja, Mutterl.«

»Na sowas, die arme Weißhapl, die muß ja z'grund gehn.«

Mein alter Filmgarderobier kam zu mir und sagte: »Bittschön, gnä Herr, im Wirtshaus hams' ma gsagt, daß ich jetzt ein Germane bin, ist das gut oder schlecht für mich?«

»Großartig, Franz«, antwortete ich.

»Also dann brauch ich mich nicht dagegenstemmen?«

»Nein, Franz.«

Er ist auch schon 82 Jahre alt, aber genauso blöd, wie er vor 38 Jahren war.

Also, mein Kind, jetzt mach' ich Schluß, ich schreibe bald wieder, damit Du nicht umsonst auf Post wartest; es kann aber leicht möglich sein, daß die Zensur die Briefe ein wenig verspätet, weil ja alle Briefe, die ins Ausland gehn, geöffnet und ganz genau gelesen und geprüft werden. Also ziehe das in Betracht und beunruhige Dich nicht, wenn einmal eine Stockung eintreten sollte.

8. Mai 1938

Onkel Emil nimmt diesen Brief in die Schweiz mit und gibt ihn dort auf. Endlich habe ich Gelegenheit, Dir die wahren Begebenheiten in Österreich zu erklären, ohne Angst zu haben, daß mein Brief von der Zensur aufgefangen und dadurch mein Todesurteil wird.

Ich blicke mit Entsetzen und Schaudern auf den 13. März zurück, als Hitler beim Läuten unserer Totenglocken mit einem Heeresaufgebot, das für die größte Schlacht gereicht hätte, in unser liebes Wien einzog. Die Straßen waren mit deutschem Militär und deutscher Polizei mit überkreuzten Händen abgesperrt, und all der Jubel war aus dem Reich bestellt. Alle Kloaken der menschlichen Gesellschaft öffneten sich, und es kam ein grauenvolles Untermenschentum in schwarzen SS-Uniformen zum Vorschein. Individuen, die man nicht mit der Feuerzange angerührt hätte, wurden auf die verschreckten Bürger, namentlich Juden, losgelassen. Sie drangen in die Häuser und Cottage-Villen ein unter dem Vorwand, nach versteckten Waffen zu suchen, und stahlen und raubten alles, was ihnen in die Hände kam. Am 12. März hatten wir noch alles in Hülle und Fülle: Man konnte fünfzig Kilo Kaffee, hundert Kilo Mehl, Eier, Butter, Geflügel etc. kaufen. Am 14. März fuhren Lastwagen der SS auf und plünderten die Geschäfte mit einer Selbstverständlichkeit und entrüsteter Miene, daß dieser oder jener noch dieses oder jenes besaß. Am 14. nachmittags war nichts mehr da, und wer nicht etwaige Vorräte daheim hatte, konnte zusehen, wie er weiterkommt. Am 15. ist der übliche Fürsorgeküche-Wagen aufgefahren, um die armen, »verhungerten« Wiener mit einem Süppchen zu betreuen, das sich die armen Wiener aus Neugierde abholten und dann unter Lachen wegschütteten. Am Radio wurde man mit Fürsorge- und Betreuungsaktionen gefüttert, daß einem schlecht wurde.

So fing es an: Zügellos tobte sich der braune Satanshaufe aus. Alle Autos wurden auf der Straße konfisziert, auch das meine, und mein Chauffeur mußte den ganzen Tag verhaftete arme Menschen nach der Polizeidirektion führen, wo sie geschlagen, gequält und in unmenschlichster Weise diffamiert wurden. Mein Auto habe ich auf energische Proteste hin sofort wieder zurückbekommen.

Unter den Verhafteten befand sich auch der Onkel Ernst, der, wie Du weißt, ein wirklich braver, anständiger Rechtsanwalt ist – von einer Anständigkeit, die schon ans Pathologische grenzt! Durch meine Beziehungen und Stellung in Wien ist es mir gelungen, ihn in letzter Stunde aus dem Gefängnis herauszubekommen, noch ehe er mit einem Schub Unglücklicher nach Dachau gebracht werden sollte. Man hat den Juden anbefohlen, daß sie bis zu einem gewissen Datum das Deutsche Reich verlassen müßten, sonst würden sie in Konzentrationslager eingeliefert. Aber wenn so ein Unglücklicher zu einem Amt kam, um sich die nötigen Papiere zu besorgen, standen am Tor diese schwarzen SS-Bestien und fragten: »Arisch?« – »Nein.« – »Raus!« Und mit einem Fußtritt stießen sie den Betreffenden zurück. Nun habe ich mich für Ernst und einige Freunde eingesetzt, habe alle Wege bei den Ämtern für sie gemacht. Da gab es Fluchtsteuer, Vermögenssteuer, Taxamt, Sittlichkeitsamt, die Gestapo, dann die diversen Konsulate, bei denen die Ärmsten um Einreise in irgendein Land bittlich wurden. Was ich da an Jammer, Elend und zermürbten Menschen gesehen habe, ist einfach nicht zu erzählen. Am Abend stellten sie sich auf der Straße bei grauenhaftem Wetter an, um am nächsten Vormittag um neun vorgelassen zu werden. Viele von ihnen waren diesen Strapazen nicht gewachsen, wurden ohnmächtig, mußten weggetragen werden und verloren damit ihren Platz in der Schlange. Gott sei Dank ist es mir gelungen, telefonisch bei den betreffenden Generalkonsulaten Audienz zu erbitten, und so konnte ich jederzeit vorsprechen, ebenso bei allen Ämtern, die zum Glück noch mit Wiener Beamten besetzt waren, die genauso litten wie wir alle, mit wenigen Ausnahmen. Am meisten hatte ich bei der Gestapo zu schaffen, ich wohnte beinahe da, und es wurde mir gedroht, daß es nach Berlin gemeldet werde und ich wegen Judenfreundlichkeit boykottiert werde und nicht mehr filmen dürfe.

Es spielten sich erschütternde Szenen ab; es war wie ein böser Traum, aus dem man noch einmal erwachen müßte. Fast in jede Familie zog das Unglück ein, weil hier die meisten Familien mit Juden versippt waren und fast jede Familie von diesem teuflischen Verbrechen betroffen wurde. Dann kam Goebbels nach Wien. Alle Kulturschaffenden wurden in den kleinen Zeremoniensaal der Hofburg befohlen, wo ein Tee für die Künstler gegeben wurde, um mit Goebbels, dem »Schirmherrn der deutschen Kunst«, wie er sich nennen ließ, Fühlung zu nehmen. Die Quälereien der Menschen gingen am laufenden Band in immer verstärktem Maße weiter. Jeder, der sich auch nur eine halbwegs abfällige Kritik erlaubte, wurde kaltblütig verhaftet und geht einem traurigen Los entgegen. Wien lebt in ständiger Todesangst.

Hie und da kommt es zu ergötzlichen Szenen, unter anderem vor ein paar Tagen in der Fleischmarkthalle, wo ein paar solche SS-Lausbuben sich aufspielten und versuchten, herumzuschaffen. Da

kamen ein paar riesenstarke Metzger über diese
schwarzen Banditen und schlugen sie halbtot.
Nachdem sie mit dem Rettungsauto weggeführt
waren, kam erst unsere Wiener Polizei und ver-
warnte die Metzger, daß es nicht erlaubt sei, die
Herren SS zu dreschen.

7. Juni 38

Über Deinen letzten Brief haben wir uns unendlich
gefreut. Was ist das doch für ein Glück, daß Du
Amerikaner bist! Wir kommen, wenn die Sache
hier bereinigt ist, bestimmt. Aber eines muß ich
Dich wirklich von ganzem Herzen bitten: daß Du
all Deine Pläne, die sehr lieb und gut sind, unter
keinen Umständen verwirklichst und Deine Er-
sparnisse in solch unnötiger und belastender Weise
angreifst. Wir wohnen im Bedford-Hotel in einem
netten, bescheidenen Doppelzimmer mit Bad, werden gut essen; Mami wird ihre Austern und ich hie
und da eine Lobster oder einen Hummer essen; wir
werden ins Theater gehen; Du wirst uns mit Deinem Wagen unser New York zeigen, wirst am Vo-
lant sitzen; wirst keinen Chauffeur und keine Köchin und keine Villa mieten, weil mir da jeder Bissen im Halse steckenbliebe und ich sofort auf- und
davonfahren würde. Wir können ganz genau dasselbe Glück genießen, wenn wir uns nichts abgehen
lassen und gut leben, ohne das Geld zum Fenster
hinauszuwerfen. . . .

Jetzt spare, lege Dollar auf Dollar, damit Du gegen schwere Zeiten gewappnet bist. Laß Dir nichts
abgehen, aber gib keinen Cent unnötig aus, sei
auch nicht immer so nobel gegen Frauen. Man muß

nicht Orchideen schenken – man kann auch mit einem Veilchenstrauß denselben Effekt erzielen.

Bitte nichts schreiben, nur von Dir. Keine Bemerkungen, Du bringst uns in Gefahr.

Freitag, den 17. Juni

Also Florestan ist anstandslos aus dem Gefängnis herausgekommen. Es ist gottlob soweit geklärt, daß man annehmen kann, daß sie bis zu seiner auf sechs Wochen diktierten Abreise nicht mehr gequält und erschreckt werden. Trotzdem das Ganze entsetzlich traurig ist, so können sie und wir den Tag ihrer Abreise nicht mehr erwarten. Sie haben mir ganz gerührt einen so lieben Brief von Dir gezeigt, daß ich beim Lesen heulen mußte. Man mag darüber denken, wie man will, man mag es belächeln, aber glaube mir, jede Güte, jede Anständigkeit macht sich bezahlt. Ich war noch nie in meinem Leben so mit Güte und Liebe für alle Welt, auch für die, die mir Böses wollen, erfüllt wie jetzt in dieser unsagbar schweren, bitteren Zeit. ...

19. 6. 38

Also die Sache beginnt sich langsam zu klären, und wenn diese beiden unglücklichen Menschen nicht so exaltiert und so jeder Beherrschung bar wären, wär' alles schon viel besser. Aber Du machst Dir keine Vorstellung, was Ernst und Gretel aufführen. In zwei Minuten ist man so weit, daß man sich danach sehnt, sich den Hals mit dem Rasiermesser durchzuschneiden. Also mir bietet sich jetzt eine günstige Gelegenheit, mit Mami auf vier Tage die-

ser Hölle zu entweichen. Der Hauskauf des neben-
anliegenden Hauses ist spruchreif, und ich fahre
morgen nach Frankfurt, um alles fertig zu machen.
Es hätte auch ohne mich sein können, wie beim
ersten Male, aber ich bin selig, einen plausiblen
Grund zu haben, auf ein paar Tage wenigstens weg-
zufahren. Endlich aufatmen, diese Atmosphäre von
Katastrophen am laufenden Band für ein paar Tage
loszuwerden. Dabei ist dieser Florestan von einer
beispiellosen Unentschlossenheit. Vor zehn Wochen sollte er schon seine Reichsfluchtsteuer machen, nichts machte er, fortwährend ließ er sich von
seinen Klienten, die ihn nur Geld kosten, anjam-
mern, erging sich in Schilderungen, was alles passiert ist, kurz, er ist ein Jammerlappen, der alles
andere Leute für sich tun läßt. Jetzt erst, nach seiner »Sanatoriumszeit«, arbeitet er dran. Sie könnten wie Milan längst schon über alle Berge sein,
und es wäre ihm auch die »Kur« im Sanatorium
erspart geblieben. Wenn man ihm aber etwas sagt,
schreit er wie am Spieß, als ob er im Recht wäre.
Das werde ich Dir alles mündlich erzählen. Ich hoffe nur zu Gott, daß es sich nicht wieder durch einen
unliebsamen Zwischenfall zerschlägt.

Also, Du ahnst ja nicht, wie ich schon in Erwartung unseres Wiedersehens aufgeregt und glücklich
bin. Endlich, nach dieser viermonatigen entsetzli-
chen, zerfleischenden Jammerzeit ein Lichtblick!
Mein Gott, Dich wiedersehen! Fast vier Wochen
bei Dir sein, dann alles wiedersehen, das ich ja
eigentlich, trotzdem ich jung war, Erfolge und Geld
hatte, nie mochte, aber jetzt als eine Erlösung empfinde. Da wirst Du uns herumführen, uns alles zeigen, und wir werden miteinander amerikanisch re-

den, bis uns voreinander mies ist. Mami wird uns milde Vorwürfe machen. Zu dem »Aber Leo!« wird sich »Aber Walter!« gesellen. Sie wird namenlos unter unserer Unvollkommenheit leiden und dabei selig sein vor Glück, die Liebe. Sie hat ein bisserl Angst vor der Fahrt, und wenn es auf sie ankäme, würden wir unsere Amerikareise nach unserer letzten Bestattung verschieben! Aber ich bin energisch! Lache nicht, Du Lauser! Jawohl, ich bin energisch. Schere mich nicht um die tausenderlei Einwände, weil ich weiß, wenn ich heuer nicht fahre, dann geschieht es nie. Denn wir werden ja immer älter, und es geht dann vielleicht wirklich nicht mehr.

29. 6. 38

Also gestern bekam ich meinen Fahrschein, den Bordgeldscheck und die Gepäckswapperln, und ich bin selig. Habe alle Verordnungen unterschrieben und der Wahrheit gemäß versichert, daß ich nicht die Absicht habe, die Regierung in Amerika zu stürzen. Und als die Frage kam, ob ich in verantwortungsvoller geistiger Verfassung bin, schrieb ich: »Nach Beantwortung all dieser Fragen: Nein.« Auf diesen Witz hinauf mußte ich den ganzen Dreck noch einmal schreiben. Mami ist froh, daß Angelface nicht da ist, weil sie Angst hat, daß Angelface den Hasi frißt, was, wenn er nicht da ist, nicht geht. Auch habe ich schon meine Ausreise im Paß, die bei allen große Rennereien zu der Bezirkshauptmannschaft, dem Rathaus und dem Taxamt erfordert. Wenn man alles hat, geht man auf die Steuer und bekommt dort, wenn man keine Steu-

ern schuldig ist, eine Unbedenklichkeitsbestäti-
gung, mit welcher man auf das Postamt geht. Und
dort erst bekommt man die Ausreise in den Paß.
Gottlob brauche ich das alles nicht, denn überall
stehen jetzt Hunderte von Menschen Schlange, bis
sie drankommen. Es ist wahnsinnig: In der Nacht
stellen sich die armen Menschen an, um am nächsten Abend oder dem übernächsten Tag bestellt zu
werden und dasselbe Martyrium mitzumachen. Ich
habe angerufen, ob ich das auch mitmachen muß,
da sagte man mir: Weil Sie einen berühmten Sohn
haben: Nein. Da ging ich auf das Paßamt zu dem
Gottsobersten und bekam eine Ausreise in zwanzig
Minuten. Ebenso war es heute am Amerikanischen
Konsulat. Heute ist Feiertag, da ist kein Parteiver-
kehr. Ich rief an, sagte, ich bin der Vater vom *cele-
brated actor* Walter Slezak. Da sagte man mir, ich
möge kommen, und in einer halben Stunde hatte
ich mein amerikanisches Visum. Jetzt habe ich alles, was wir brauchen, um mit Mami auf das Schiff
zu steigen und zu unserm Buben zu fahren. In 45
Tagen wird die »Hamburg« in der Quarantäne ein-
laufen. Da wird ein froher, nach Arizona-Mode ge-
kleideter Wasserer mit einem blauen Hemd an
Bord sein, und wir werden uns schamvoll zu diesem
nach Arizona-Mode gekleideten Gentleman be-
kennen müssen. Er wird an Bord kraxeln und wird
uns um den Hals fallen, und wir werden unendlich
glücklich sein. Ich habe jetzt schon Angst vor dem
Wegfahren, denn diese 27 Tage werden wie im Flug
vorbeirasen, und wir werden wieder Abschied nehmen müssen. Mami ist jetzt schon seekrank. Wir
hören immer im Radio: »*La mer est très agitée.*« ...

Also horch, was ich Dir sag: Gestern habe ich Dir
geschrieben und vergessen, Dir zu schreiben, daß
wir Dich lieb haben und daß Du unser Sohn bist,
unser Amerikaner vom Broadway. Und daß wir es
so luxuriös auf der Überfahrt haben werden und so
verwöhnt werden, macht mir auch Spaß. Wir sind,
was man so sagt, Prominente. Ich bin so froh, und
es ist mir ein Stein vom Herzen gefallen, daß Du
meine Bitten respektierst und es so machst, wie ich
es gerne möchte. In der Stadt wohnen und sich alles
ansehen und vielleicht nach Atlantic City einen
Ausflug machen, am Abend aber wieder daheim
sein. Mach Dir, mein Kind, ein Programm, was Du
uns alles zeigen wirst, was wir alles unternehmen.
Proben hast Du ja voraussichtlich keine mehr, also
können wir ja schon um fünf oder halb sechs in der
Früh beginnen. Da komme ich um dreiviertel fünf
in der Früh in Dein Zimmer, sag' Dir Guten Morgen, indem ich Dir wie einst im Mai die Decke
wegziehe und Dich ermahne: »Wälduli, es ist soweit, der Morgen graut, erhebe Dich schnell,
schneller...!« Und Du wirst wie anno dazumal
nicht wirsch sein gegen Deinen Vater, was mich
verletzen wird, und dann wirst Du Dich erheben
und den Blutsverwandten wieder versöhnen. So
wird es langsam halb sechs, und dann kommt der
Kaffee und Rolls und Butter auf Eis, daß man sie
nicht schmieren kann. Und die Rolls werden warm
sein, wie sie es vor 30 Jahren waren. Das *morning
paper* wird da sein, in unserem Falle die »Deutsche
Staatszeitung«, wenn sie noch existiert. Da werde
ich alles über Herrn Piefke lesen, daß er seinen 60.

Geburtstag feiert und ihm ein donnerndes Hoch gebracht wird und der Gesangsverein »Halbe Lunge« einen Ausflug an den Hudson macht und seine Mitglieder auffordert, daß sie, wenn sie schon besoffen sind, nicht vor aller Welt an den Straßenrand kacken gehen und deutsche Disziplin wahren. Das war seinerzeit wohl das verblödetste Blatt, das die Erde gesehen hat! Wir fahren auch ins böhmische Viertel im Osten an der Second Avenue auf Klobassi; im Italienerviertel werden wir Minestrone, Spaghetti und Zampone con Patati oder Riso essen. Und vor allem am Schiff werde ich Hummer und Kaviar fressen, daß er mir bei den Ohren herausstaubt. Ich lasse mir beim Chef eine ganz dicke Minestrone raffiniert mit Speck und geselchten Stücken mit Parmesan und Canneloni machen, daß der Löffel steckenbleibt und man puffen muß, daß ich das Promenadendeck für mich alleine habe. Um vier Uhr früh werde ich an Bord schon keine Ruhe haben. Schwimmbassin ist auch da. Aber Mami erlaubt mir nicht, daß ich schwimmi-schwammi mache. Sie meint, es könne mich der Schlag treffen. Nur das Rauchen macht mir Sorge. Denn 150 Zigarren brauche ich, um glücklich zu sein und das Leben lebenswert zu empfinden.

Also wir machen es jetzt schon so aus, daß Du mein Dolmetsch bist. Und wenn man mich fragt, wie dieser oder jener ist, so sage ich: »Ich rede nichts von Politik, weil ich noch viel zu jung bin, um ein Urteil abzugeben.« Und wenn sie dringender werden, verstehe ich einfach kein Englisch und sage dann: »*Very glad to meet you.*« Also davor habe ich schon eine heillose Angst und befürchte Unannehmlichkeiten für mich. Denn es wird ja doch alles genau registriert, was man sagt. Daß die Briefe geöffnet werden, ist ja selbstverständlich – wegen der Devisen. Aber da habe ich ein sehr gutes Gewissen. Ich schreibe ja auch nichts Ungerechtes, spreche nur zu meinem Sohn über unsere Familienangelegenheiten, kritisiere und meckere nicht, also sollen sie die Briefe ruhig öffnen.

Auf Freitag freue ich mich unsagbar, da bin ich wieder einmal zum Führer »eingeladen«. Ich war es ja schon so oft, hatte aber nie die Möglichkeit, und diesmal hoffentlich, hoffentlich kommt mir nichts dazwischen, und es klappt.

Unsere Mami packt schon seit einer Woche, und wenn ein Koffer fertig ist, packt sie ihn wieder aus, weil sie meint, sie hätte dieses oder jenes Stück nicht richtig hineingegeben, und es wird verdrückt. Diese Süße, Liebe! Vor lauter Gründlichkeit kommt die Arme zu gar nichts. Unsere Koffer für Amerika sind hergerichtet, Vasana und Oropax liegen ganz oben – wegen der Seekrankheit. Dem Hasi sage ich jeden Tag, wenn er der Mami ins Bett kotzen sollte, wird er ins Meer geschmissen. Mami sagt daraufhin ganz ernsthaft: »Sag das dem Hund nicht, sonst fürchtet er sich.«

Den 65. Geburtstag feiere ich bei Dir, mein Kind. Mein erster Geburtstag in Amerika, beim amerikanischen Star, bei unserm Walterle. Nun schließe ich, ich könnte so fortwährend weiterschreiben, habe aber Angst, daß Du es nicht mehr liest, wenn es zuviel wird.

3. 7. 38

Ach, wie freue ich mich auf die Reise zu Dir! Ich bin momentan in Tegernsee. Heute ist großartiges und feinfühliges Weißwurstessen, und ich freue mich jetzt schon, wie schlecht mir nachher sein wird. Auch beabsichtige ich, am Abend eine Milzwurst-Orgie zu feiern und dazu Weißbier zu trinken. Auf den ersten *homar à l'americain* bei Dir freue ich mich kindlich. Wenn ich zu Mami davon spreche, meint sie, daß ich verfressen bin. Wie ungerecht!

In 39 Tagen steht ein schöner, besonders schlanker junger Mann in New York am Pier, und das ist unser Sohn, der geliebte Amerikaner und der Broadway-Star. Youu! Am ersten Tag gehen wir einmal zu Dir in die Vorstellung, da wirst Du Deinen Eltern einen Wurschtel vormachen, um uns köstlich zu divertieren. Nach der Vorstellung essen wir auf unserm Zimmer kalt aus dem Papierl gute Sachen und trinken ein gutes Fidelio-Bier, wie ich es immer im »Ansonia« trank, rauchen eine gute Zigarre und erzählen uns enorm viel. Und dann gehen wir mit vollem Magen und angesammelten Üblichkeiten schlafen, um vor lauter Angefressenheit nicht zu schlafen. Auch Rommé werden wir spielen, und zwar mit väterlicher Autorität, mit Bemogeln und Belachini-Unterstützung. Ich darf mogeln, weil ich Dein Gast und Vater bin – Du nicht. Daß d'as woaßt!

Egern, den 10. 7. 38

Also wir sind wieder zu Haus, und die Festorgie ist vorbei. Ich hatte beim Führerempfang im Hause

der Deutschen Kunst aus Gesundheitsgründen abgesagt. Da kam Gretel, Deine intelligente Schwester, mit dem Leibarzt Hitlers zu mir, der mich un-
tersuchte und sagte, ich sei gesund genug, um hingehen zu können. Also blieb mir nichts anderes
übrig, als mir den Frack anzuziehen. Du machst Dir
von dieser Ausschmückung der Stadt München keine Vorstellung. Was das kostet! Jede Straße ist in
einer anderen Farbe dekoriert. Alle Künstler sind
Gäste des Führers, alles wird vom Staat bezahlt.
Wir bekamen unsere Quartierskarten, brauchen
uns um nichts zu kümmern. Alles geht auf Staats-
kosten. Ich bekam für meinen Wagen eine Art
Flagge mit einem grünen Kopf auf rotem Feld. Und
mit dieser Flagge wurden wir überall durchgelas-
sen, während für alle andern Fahrzeuge während
des Festes die innere Stadt gesperrt ist. Wir fuhren
um neun von Egern weg, mußten in St. Quirin um-
kehren, weil die Gretel ihr Scheißcape vergessen
hatte. Ich glaube, ich wollte zerspringen vor Galle.
Also zurück. Um halb elf fuhren wir in München
ein mit unserer Standarte. Alles grüßte ehrfurchtsvoll. Die Mütter hoben ihre Kinder und sagten:
»Da ist er!« Ich wurde von der die Straßen umsäu-
menden Menge mit »Heil Slezak!« akklamiert, und
ich hatte, als ich mich huldvoll bedankte, irgendwie
Herrscher-Komplexe und versuchte, ein wenig ar-
rogant zu sein und meine Volksgenossen schmafu
zu behandeln. Aber das glaubte man mir nicht und
lachte mich aus. Also wurde ich wieder leutselig
und jovial. Im Haus der Deutschen Kunst fand man
alle Schmieristen deutscher Zunge. Die Weiber, die
sich nicht ausstehen konnten, küßten sich ab und
bewunderten gegenseitig ihre Toiletten, um sie

dann an dritter Stelle scheußlich und geschmacklos zu finden. Gretel, Deine intelligente Schwester, kam strahlend zu mir und sagte: »Was sagst Du Papa, die Pfahl (das ist eine Konkurrentin) hat ihr Kleid aus der ›Traviata‹ an. Wie findest Du das?« Ich meinte, daß es mir gleichgültig sei. Na, da war also der Aufmarsch all der vor Würde aufgeblähten Komödianten, behängt mit Orden und Medaillen. Zum Schreien! Da stellte sich mir ein Herr vor, der auf der Brust wenigstens zehn Komturkreuze hatte und vier um den Hals hängen. Er sagte: »Münchhausen.« Ich sagte: »Sehr erfreut«, zeigte auf seine Brust und sagte: »Ein echter Münchhausen – sehr übertrieben.« Rohde, Gretels Chef, hatte auch eine ganze Spenglerarbeit umhängen und sagte zu mir: »Slezak, wo haben Sie denn Ihre Orden? Wenn Sie keine umhaben, muß ich meine ablegen.« Ich sagte, er soll sie nur lassen, ich trage keine Orden, weil ich so gar keine Begabung für Imposanz habe, und daß es nicht zu mir paßt. Außerdem haben sie mir alle Orden in Wien gestohlen, und sie mir neu anzuschaffen, dazu ist mir das zuwenig wichtig. Ich habe mich mit meiner ungeschmückten Brust unter diesen behängten Löchern in der Natur ganz behaglich gefühlt. Es gab wunderbare Sachen zum Essen, alles kalt. Hummer mit einer Soße, wie ich sie noch nie gegessen habe und von der ich mir vom Walterspiel das Rezept geben lassen werde. Es gab enorm viel Besoffene, die glücklich nur mehr lallten, nicht so wie Dein nüchterner Vater. Viele lassen Dich grüßen, erkundigten sich nach Dir. Ich sagte ihnen, daß Du einer der prominentesten Schauspieler in Amerika bist und tausend Dollar die Woche verdienst, was sie mit neidvoller Bewunderung zur

Kenntnis nahmen. Den Rex und die Ida Wüst mußte ich mit nach Hause nehmen. Der Rex ist ein
Obermacher bei der Partei und war so besoffen,
daß er unbedingt am Boden des Autos sitzen wollte
und nicht wußte, wo er wohnt – genau wie der Herr
ohne Wohnung. Wir luden ihn im »Regina« ab, und
es war zufällig recht so. Am nächsten Morgen hatte
ich einen Riesenkater und schwor mir, drei Tage
nichts zu essen. Ich habe den Schwur gebrochen.

5. 8. 38, an Bord der »Hamburg«

Was bist Du doch für ein lieber Kerl! Jeden Tag ein
Brief und ein Strauß für die Mami. Wir sind ohne
Pause gerührt über unseren Knaben. Mein Gott,
ich lebe wie in einem schönen Traum, gehe herum,
als ob ich reich, reich beschenkt würde. In sieben
Tagen haben wir uns. Da wird mein Bub dastehen,
und alles, was wir Schweres erlebten, verstiebt, und
nur das Schöne bleibt. Heute früh bekam ich ein
Kabel, daß Ernst und Gretel im Flugzeug gelandet
und in der Schweiz in Sicherheit sind. Also gottlob,
das ist überstanden!

Ich habe in Hamburg gebeten, daß ich nicht in
die Schiffsliste kommen will – also stehe ich nicht
drinnen. Ob das was nützt, weiß ich nicht, jedenfalls habe ich's probiert. Dieser Brief geht von
Cherbourg mit der »Europa« ab und ist am 11. in
New York. Also das will ich benützen, um Dir ein
paar Zeilen zu schreiben und Dir zu sagen, wie wir
uns sehnen und wie glücklich wir sind über Deine
Aufmerksamkeiten, mein Kind. Du bist halt der
Sohn Deines Vaters und hast eine gute Schule gehabt. Mami bekam an Bord ein Gedicht von mir,

und ich hoffe, jetzt, wo ich einen freien Kopf habe, auch zum Empfang eines machen zu können.

Sehr viel miese Weiber sind hier an Bord versammelt und amerikanerln um sich herum, als ob sie allein wären. Ich bin sehr populär und eine interessante Persönlichkeit; bin aber sehr exklusiv; habe fünf meiner Bücher unterschrieben, und der Laden ist jetzt ausverkauft. Die Stewards behandeln mich sehr leutselig und zersprargeln sich. Gestern war ich beim Kapitän zum schwarzen Kaffee. Das ist ein lieber Kerl, sehr nett. Er hat mir das Schiffahren gelernt, ich kann es schon beinahe. Mami erholt sich, liegt mit Hasi im Bett und dehnt und reckt sich vor Wohlbehagen und ist selig. Bitte sage an, daß man im Theater meine Post Dir gibt, sie nicht am Ende wegsendet. Ich habe ja keine andere Adresse. Gott, sind das hier miese alte Weiber! Ohne jede Zahnregulierung, bis aufs Kinn hängen ihnen die Oberkiefer. Die Zigarrenfrage ist gelöst: 50 sind frei, und ich habe schon drei Herren, die mir den Rest mitnehmen.

Nun, mein geliebtes Kind, Gott schütze Dich und segne unser Beisammensein. Mami und ich umarmen Dich und danken Dir für Deine Liebe.

Deine glücklichen Eltern

8. 9. 38, an Bord

Nochmals, mein Guter, will ich Dir tausendmal danken für die schöne, schöne Märchenzeit, die wir mit Dir verlebt haben. Du warst so lieb! Am meisten gerührt hat es uns, daß Du uns jede freie Minute gewidmet hast, immer bei uns warst und wir unser Beisammensein noch nie so genossen haben

wie diesmal. Mein armer Bub, früh bist Du aufge-
weckt worden, hättest noch gerne weitergeschla-
fen; nachmittags hast Du uns spazieren gefahren –
keine Ruhe bei Tag und Nacht. Ach, es war ja so
schön! Unvergeßlich! Wir werden lange, lange daran zehren, jetzt, wo wir unsern lieben, lieben Buben wieder so lange Zeit nicht mehr wiedersehen
werden. Und hast Du wohl in Kitchawan am Sonntag Dich gut erholt und zusammen mit Mady zwei
glückliche Tage zugebracht? Wir haben sie beide
sehr ins Herz geschlossen, und sie ist zum Fressen.
Wenn ich länger bei Dir hätte bleiben können, so
hätte ich sie Dir abspenstig gemacht. Die hätte ein-
gesehen, daß ein reifer Mann gegen einen so rotzi-
gen Lauser wie Du vorzuziehen ist!

Heute sind wir in großer Sorge, seit wir die Nachrichten am Brett lasen beim Obersteward, daß man
uns am Ende in Frankreich oder England kapert
und interniert. Jedenfalls bin ich und Mami sehr
aufgeregt. Ich war noch nie eine Kampfnatur und
ging prinzipiell allen Heldenallüren aus dem Wege.
Mami auch. Sie sagt, wenn man schon interniert
wird, nicht in England, sondern in Frankreich, weil
sie Angst hat, daß man ihr sonst in England den
Hasi wegnehmen könnte, für den sie gerne das ganze Gepäck hergibt.

Denk Dir, heute kam ich erst um halb eins aus
der Kabine heraus, ging nicht zum Lunch, trank nur
eine Schale Kaffee, damit ich rauchen kann, und
esse nichts. Siehst Du, mein Kind, das ist ein typischer Fall von Enthaltsamkeit – das ist Dein Vater.
Nimm Dir ein Beispiel, mein Kind, an Deinem ent-
haltsamen Vater!

Tausend Bussi, mein geliebtes Kind, und nochmals Dank, Dank, Dank für Deine große Liebe, Zärtlichkeit und Aufmerksamkeit von Deiner Mami

und Deinem sehr alten Papa

Samstag, 10. 9.

Gestern mußte ich wegen allzu hohem Seegange aufhören, weil ich im Deckstuhl schrieb; im Schreibzimmer hätte ich in Bälde wild um mich herumgekotzt. Es war sehr mulmig, diese Wackelei. Mami ist eine Seeheldin geworden, nicht einen Moment war ihr irgendwie übel. Von den 35 Passagieren waren laut Steward genau 18 krank im Bett, und wir waren im Speisesaal und aßen mit großem Appetit gute Sachen. Das Orchester spielte milde Weisen, nur die Geige hatte keine Höhe. Die oberen Töne waren falsch, was weh tat. Dann haben wir einen total übergeschnappten Tischsteward, der so dienstbeflissen ist, daß er mit aufs Klo gehen und mir kacken helfen wollte. Das lehnte ich ab. Dann sang er mir immer Motive aus allen Sinfonien vor und glaubte, mir eine besondere Freude zu machen, als er konstatierte, daß er den Kintopp zum Kotzen und nur für geistig Minderbemittelte fände. Ich genierte mich, ihm zu sagen, daß ich ja selber Kintopp mache, um nicht in seiner Achtung zu sinken. Er hatte eine Platte »Meistersinger« von mir in Hamburg und sang sie mir ohne Strich vor. Er geht mir unsagbar auf die Nerven, und ich habe nicht den Mut, ihm zu sagen: »Poliz mi prdel a to je mé poslední králvoské slovo – ... und das ist mein letztes königliches Wort.«
Nachmittags schliefen wir in den Deckstühlen bis

fünf Uhr. Und plötzlich wachte ich auf, da stand ein hoher katholischer Priester an Bord, aus München, mit einer Meute Mädchen vor meinem Deckstuhl, und sie warteten darauf, daß ich aufwache, weil sie mich sehen wollten. Ich sagte ihnen, daß ich mich nur gegen Entree anschauen lasse. Da waren sie verlegen. Ich legte mich wieder hin, und sie standen eine Stunde um mich herum und erbaten sich Autogramme vom greisen Künstler. Erst als ich sagte: »So, meine Damen und Herren, schaut's, daß ihr weiterkommt; mein Bedarf an Begeisterten ist auf Jahre hinaus gedeckt«, da gingen sie befriedigt in ihre Dritte Klasse zurück. Mami sagte milde: »Leo, wie konntest du!« Dann setzte sich der Priester zu mir, mit dem ich mich wunderbar unterhielt. Er ist ein Monsignore im Domkapitel von München und ist Privatsekretär des Erzbischofs Faulhaber in München. Er erzählte sehr interessant von Rom und all den Gepflogenheiten, kennt alle Pfarrer, die wir in Egern hatten, und wird uns in Egern besuchen. Mami hat ihn, trotzdem ich ihr einen Renner gab, freundlichst eingeladen, obzwar sie weiß, daß, wenn er wirklich kommt, sich eine Welle von Verzweiflung über uns ergießen wird. Am Schiff für eine Stunde recht amüsant, in Egern, um auf die Bäume zu klettern.

18. 9. 38

Also wir sind da. Tausend Dank noch für Dein Kabel ans Schiff. Am Zollamt ging alles ganz glatt.

Hier ist alles ruhig. Man bekommt alles. Auch das Gebäck ist wieder weiß. Nun besteht nur noch diese furchtbare Angst vor dem Krieg, der ja vor-

aussichtlich mit einem Bürgerkrieg in der Tschechei beginnen wird. Es ist grauenvoll, was da vor
sich geht. Wir sind jedenfalls sehr beunruhigt.

Zürich, 27. 9. 38

Also wir sind da. Ernst und Gretel sind gut und
wohl eingetroffen. Sie haben in einem modernen
Appartement zwei Zimmer, jedes mit einem Balkon, zahlen pro Tag 8,66 Schweizer Franken. Es ist
ein Riesenhaus, alles winzig und für Erwachsene
nicht besonders geeignet. Aber sie sind zufrieden
und beten nur für die Aufenthaltsbewilligung. An
der Grenze war überhaupt keine Untersuchung,
nicht einen Blick haben sie in meinen Wagen hin-
eingeworfen. Wenn der Hasi nicht gekläfft hätte,
hätten sie den auch nicht bemerkt, und da hätte ich
mir die drei Franken Hundegebühren erspart. So-
wohl auf deutscher als auch auf schweizer Seite war
es reizend, und wir rauften uns die Haare, daß man
uns so einschüchterte, daß wir nicht den Mut hatten, das, was wichtig ist (Tantes Schmuck), mitzu-
bringen.

Also drüben bei uns in Deutschland ist ein Heer-
lager. Hunderttausende Soldaten, Tanks, Kanonen,
Küchen und Kriegsmaterial rollen über die Autobahn gegen Salzburg. Endlose Kolonnen, ohne
Pause. Die Privatautos mit Militär angestopft, alle
Omnibusse, Lastwagen mit hunderterlei Firmen-
schildern mit Soldaten dick bepackt wie im tiefsten
Krieg. Also es ist in ganz Deutschland eine Angst-
stimmung und Empörung, denn all diese Zwischen-
fälle in den Sudeten sind ja alle erlogen und provoziert – so provoziert, wie es nur diese vertierten

Bestien, die Nazis, können. Die Tschechen werden derart gereizt, angegriffen etc., daß die Nervosität zur Weißglut kommen muß, und aus jedem sonst an sich belanglosen Zwischenfall werden Schlachten zusammengelogen, wo die armen Sudetendeutschen nur so dahingemetzelt werden. Und das wird dann von tschechischer Seite als frei erfunden richtiggestellt. Gestern abend Hitlers Rede wurde vom ganzen Volk mit panikartiger Angst erwartet, weil man fürchtete, er wird den Krieg erklären. Aber er sagte den üblichen Kohl mit den deutschen Brüdern, die er befreien muß, so wie er die armen Österreicher befreien mußte, sprach den Tschechen die Berechtigung zu leben ab und war wieder frech wie Oskar. Aber es ist ein Maulheldentum, das man in Deutschland schon kennt und mit dem man keinen Hund hinter dem Ofen hervorlockt. Nun zittern wir vor dem ersten Oktober, was uns der alles bringen wird.

Ich habe Ernst und Gretel erzählt, daß die 500 Dollar von Dir waren. Das hat sie sehr gerührt, und sie danken Dir tausendmal. Vor drei Tagen hat sie Richard Strauss besucht. Ernst hat doch seit vielen Jahren alles für ihn und seine Familie umsonst gemacht. Strauss wollte ihm Geld geben, aber der Blödian, der Ernst, hat es abgelehnt. Nicht zu gebrauchen ist der Mensch in dieser Welt! Aber Richard Strauss hat sich sehr schön verhalten. Und dabei gehen Genie und Anständigkeit so selten Hand in Hand . . .

Nun zu beiliegendem Ausschnitt aus dem »SA-Mann«. Da wurde Rowohlt zitiert, und er hat den Befehl erhalten, daß entweder alle Juden ausgelassen oder mein Buch eingestampft wird. Nun mußte ich in Berlin das ganze Buch umarbeiten; das Mahler-Kapitel bleibt ganz weg; Robinson kann bleiben, nur muß sein Name sehr reduziert werden; und alle Judennamen muß ich weglassen und gegen ihre Titel auswechseln. Ist das nicht ein Skandal? So etwas Borniertes war noch nicht da! Die Oper »Jüdin« mußte ich in »Troubadur« umwandeln; das Bild vom Max Taussig muß heraus, also ein Affentheater. Sowas von Kleingehirnen ist mir noch nicht vorgekommen! Und so etwas regiert uns ins Unglück. Das konnte ich Dir natürlich aus Deutschland alles nicht schreiben, ich mußte es mir bis hierher aufheben. Von Kuli erhielt ich einen sehr glücklichen Brief aus Paris. Er sagt, er hat einen neuen Titel bekommen: Eure Emigranz. Dankt Dir, daß Du ihm geholfen hast.

Morgen geht's leider zurück in das Gefängnis. Ich schreibe dann wieder von Egern. Das Wetter ist herrlich, uns geht's gut, alles harmonisch, nur die Angst vor dem Krieg zerstört uns die Stimmung.

1939

19. März 1939

Also die letzten Tage waren sehr aufregend und
ereignisreich. Gott gebe nur, daß kein Krieg
kommt. Vom Amerikanischen Konsulat bekam ich
eine Verständigung, daß ich zur ärztlichen Untersuchung kommen soll mit Mami, wegen der Einreise.
Ich will das jetzt gleich in Angriff nehmen, wenn
ich in Wien bin.

Aber gehn wir chronologisch vor. Chronologisch
kommt von Chronos, Chronos war ... aber einen
Dreck, lese das in Deines Vaters Sämtlichen Wer-
ken nach, was er war.

Also in Berlin war es halt mit dem Film doch
eines Tages soweit, daß wir Abschied nahmen. Am
Dienstag, dem 14., abends hatte ich noch eine
scheußliche Nachtaufnahme im Freien, zwei Ein-
stellungen, der Kameramann feierte Orgien im De-
tailscheißen, sechs Komparsen sausten hin und her
und sollten an einer bestimmten Stelle stehenblei-
ben. Zuerst war die Differenz zwei Handbreit, und
dann wurde es so oft wiederholt, daß sechs Meter
draus wurden. Ich fror wie ein Affenpinscher,
konnte mich nicht setzen, weil ich verkühlt war und
noch bin, so daß ich Angst hatte, eine Lungenent-
zündung zu bekommen. Also stand ich drei Stunden, daß mir das Kreuz krachte und ich ganz kre-

piert heimkam. Am 15. früh um halb neun fuhren
wir mit dem Auto schon bei Schneegestöber weg,
was sich da auf der Fahrt tat, geht auf keine Kuhhaut. Alles vereist, Schneegestöber, daß wir oft ste-
henbleiben mußten, weil wir nicht vor den Kühler
sahen. Das war alles auf der Autobahn, keine andere Straße wäre möglich gewesen. Die Autobahn
wurde fortwährend mit Schneepflügen befahren
und gestreut, also ging es halbwegs. Der Chauffeur
Paul ist ein sehr tüchtiger Fahrer, das war eine sehr
bezeichnende Probe. Ohne Rast kamen wir abends
um halb acht in Egern an. Mami behauptete, es
wäre der Ritt über den Bodensee gewesen, was natürlich sehr, aber schon sehr übertrieben ist. Es war
eine scheußliche Fahrt, als ob die Hölle loswäre,
namentlich im Fichtelgebirge oben auf dem Kamm
steht die Autobahn ganz frei, dem Sturme ausgelie-
fert. Wir trafen Hunderte von Militärwagen, einer
davon mit einer Kanone hintendran lag im Graben,
also kein ermutigender Anblick. Ich hatte schon
Angst, daß wir gar nicht durchkommen werden wegen des militärischen Aufmarschs in der Tschechei.
Aber das war schon alles dort, als wir abends heim-
kamen, sagte das Radio schon, daß Böhmen und
Mähren uns gehören, weil sie tausendjähriges deutsches Land sind. Wir haben uns über diese Geniali-
tät unseres geliebten Führers sehr gefreut, es ist
doch herrlich, wie groß wir werden. Es ist so ein
fabelhafter Zuwachs, und die Menschen dort sind
auch unsagbar glücklich, es war auch schon die
höchste Zeit, daß diese Länder wieder befreit
wurden.

Wien, 4. April 1939

Also gestern waren Mami und ich zwei Stunden auf
dem Konsulat. Mich ließ der Doktor ganz nackt
ausziehn, um mir zu sagen, meine Nase gefällt ihm
nicht. Er hat mich gar nicht angesehn, und ich mußte mir die Stiefel allein an- und ausziehn. Ich hatte
eine Stinkwut. Die Mami auch, aber die nur die
Stiefel, auch umsonst; sie sagte, sie kam sich vor,
als wenn sie sich den Hals gewaschen hätte, und
dann wurde der Ball abgesagt.... Mami, die ja immer voller Bedenken ist, liegt schlaflos da und grü-
belt, daß, wenn ein Krieg ausbricht, denn bei dieser
gespannten Lage zwischen uns und Amerika ist das
ja nicht sehr unwahrscheinlich, dann sitzen wir am
Ende drüben, können nicht zurück, und Du hast
uns beide zu erhalten. Denn wenn Krieg ist, läßt
man mich ja auch gar nicht arbeiten, oder am Ende
interniert man uns irgendwo, das wäre natürlich
entsetzlich, so abgeschnitten zu sein. Gretel und
Helga und die 87jährige O. sind da, und wir können
nicht einmal Nachrichten bekommen, wie es ihnen
geht. Da sitzt die arme Mami ganz verstört im Bett
und steckt auch mich an mit ihrer Angst. Es ist ja
wirklich eine fürchterliche Zeit, alles ist so aufgepeitscht. Wir werden ja so von den Westmächten
verleumdet, wir armen Deutschen. Man nennt uns
sogar Barbaren und sagt, wir wollen uns ganz Europa nehmen, verbreitet Lügen über uns, weißt Du?
Und da werden schwerwiegende Reden gehalten,
jetzt hat der Führer wieder energisch abgerechnet
mit den Westmächten und gesagt, daß man sich das
nicht länger anschauen wird, und daß wir uns die
Tschechei genommen haben, war ja wichtig, außer-

dem sind ja alle Böhmen eigentlich Deutsche, alle
Bauten in Prag sind von den Deutschen erbaut, und
die Tschechen haben eigentlich nichts in Böhmen
und Mähren zu suchen. Da hat er ja hundert Prozent recht, findest Du nicht auch? Dann wurden
Deutsche dort schlecht behandelt, und die müßte
man doch befreien, die sind jetzt alle befreit und
sind überglücklich, wie wir es hier in der Ostmark
sind. Es ist nur ein Glück, daß wir jetzt Ostmark
statt Österreich heißen; wir sind jetzt Ober- und
Unterdonauer, ich bin Unterdonauer, es ist aber
leicht möglich, daß man mich zum Oberdonauer
befördert. Auf das warte ich noch, und dann will
ich beruhigt zu Grabe fahren. Am besten sind natürlich wir Wiener dran, wir sind stolz darauf, daß
wir das Bollwerk des Ostens sind. Bollwerke sind
immer etwas zum Stolzsein, zuerst bricht sich alles
am Bollwerk, damit das Altreich geschützt bleibt.
Selbstverständlich fordert Bollwerk zu sein große
Opfer, aber der Gedanke, zum großen Reich zu
gehören, ist schließlich jedes Opfer wert. Es gibt ja
einige Stimmen, die sagen, daß es in Bochum oder
Gelsenkirchen schöner ist, aber weißt Du, mein
Kind, das sind die unbelehrbaren Egoisten, die nur
an ihr eigenes Wohl denken, statt die Interessen der
Volksgemeinschaft über alles zu stellen. Nein, nein,
es ist schon schön bei uns, wunderwunderschön,
und wir sind alle sehr glücklich, wenn es auch viele
Nörgler gibt. Mein Gott, die Wiener haben immer
geraunzt, wenn es ihnen noch so gut gegangen ist.
Wenn sie auch mit allem sehr knapp sind, kein
Obst, keine Butter, kein Kaffee, so spielt das doch
angesichts des großen Zieles nicht die Rolle, die
ihm beigemessen wird. Es ist doch nicht so wichtig,

daß man Fleisch hat, die Hauptsache ist die Volksgemeinschaft und unsere Wehrfähigkeit, die unser
genialer Führer wiederhergestellt hat. Früher mußten wir tun, was die Westmächte wollten, jetzt zittern sie vor Deutschland wie ein Wackelpudding.
Wir zittern nur, daß es, Gott behüte, doch noch
einmal Krieg gibt und sich die Westmächte in
einem Haß gegen uns verleiten ließen, Krieg zu
führen. Das wäre natürlich ein ganz großes, noch
gewaltigeres Unglück als alles andere. Vor dem zittern wir Tag und Nacht, weil man nie weiß, was für
eine Überraschung der nächste Morgen bringt.

Wien, 20. 4. 39

Am letzten Tag, an dem wir in der einst so geliebten Wohnung sind, wo wir so unwahrscheinlich
glücklich waren, in diesem einst so geliebten Wien,
wo Du, mein Kind, zur Welt gekommen bist, Du
unser Sonnenstrahl, unser geliebter Kamerad – will
ich Dir schreiben, ebenso auch an Gretel in Rom.
Ein bitterschweres Herz habe ich. All die rauschen-
den Erfolge, all das Herrliche, das wir erleben durften! Meine süße Mami hat hier für mich das Licht
der Welt erblickt. Eine lange Reihe von märchen-
haftem Glück haben wir hier genossen. Mir ist unsagbar traurig und schwer ums Herz, nicht weil ich
weggehe – ich kann es schon nicht mehr erwarten –, nein, weil ich alles an mir vorüberziehen sehe, das uns so selig machte und nun endgültig vorbei ist. Gern hätte ich die paar Jahre, die ich noch
zu leben habe, hier an meinem lieben Fenster mit
dem einzigartigen Blick auf das Wien verbracht.
Aber es sollte eben nicht sein. Der liebe Gott hat

für uns alles so schön und gut gemacht, daß es wohl
auch zu unserem Wohle sein wird, daß es so gekommen ist. Wir werden auch in unserer neuen
Heimat glücklich sein, wenn wir beisammen sind.
Wenn unsere Mami bei mir ist, bin ich überall zufrieden, die Angebetete, die Heilige. So sende ich
Dir denn, mein Kinderle, noch von hier die letzten
Grüße. Sonntag früh geht es endgültig dahin, um
nur entweder, wenn ich Arbeit kriege, zur Arbeit
zurückzukommen oder einmal im Jahr die Gräber
zu besuchen. Heute ist alles gepackt, heute ist
Staatsfeiertag – der Geburtstag unseres so innig geliebten Führers. Morgen, Donnerstag und Freitag
wird abgetragen in die Möbelwagen, und Sonntag
früh geht es nach Egern.

3. 5. 39

Heute ist Dein Geburtstag, und da muß ich mit Dir
plaudern, muß Dir sagen, daß Mami eine schöne
große Blattpflanze mit einer roten Blüte bekommen hat, ich ihr gleich beim Erwachen dankte, daß
sie mir meinen Buben zur Welt gebracht hat; darauf dankte sie mir, daß ich ihn zeugte, und so dankten wir uns gegenseitig und waren beide sehr lieb
zueinander. Gott segne Dich, mein geliebtes Kind,
er erhalte Dich gesund, mache Dich recht, recht
glücklich zu unserer Freude und unserm Glück. . . .

10. 5. 39, Berlin

Also heute ist der große Tag, die Möbel werden in
die Wohnung gebracht, es ist alles so weit, bis auf
den Salon, der wird erst tapeziert, aber das macht

nichts, die Möbel können trotzdem hineingestellt werden. Heute früh kamen die Möbelschupfer um halb neun, um neun gingen sie frühstücken – eine halbe Stunde. Das ist so wie der »Maurer« von Armin Berg, die Platte, die man übrigens nicht mehr bekommt. Es ist hochverräterisch, sie zu spielen. Also die Wohnung ist herrlich, viel schöner und angenehmer als die in Wien. Ich möchte Dir sie ja schildern, aber ich fürchte, die deutsche Sprache ist nicht farbenreich genug, um Dir alles zu sagen, wie schön es ist. Also stell Dir genau vor, wie es ist: ein hochherrschaftliches Haus mit einem schmiedeeisernen Gitter. Da gehst Du über einen kleinen sonnigen mit Kacheln belegten Vorhof, eine Art Atrium, dann kommt das Haustor, da läutest Du, es schnarrt, und die Türe geht auf. Du kommst in einen wunderbaren Raum aus Marmor, die Säulen ragen nur so herum, der Boden ist mit einem weichen Teppich bespannt, in den die Füße bis zu den Knöcheln einsinken; ein echter Perserläufer führt zu der Stiege, die aus Holz ist. Ich hätte natürlich sagen können, sie ist auch aus Marmor, aber ich will wegen dieser Scheißstiege nicht zum Lügner werden. Dann drückt man auf einen Knopf, den man allerdings der Finsternis wegen nie findet, eine fünfkerzige Lampe erleuchtet den Raum taghell. Dann steckt man den Schlüssel in den Lift, dreht ihn herum, und er kommt herunter. Man macht auf, und man geht hinein, drückt auf den dritten Knopf nach oben und fährt. Oben angekommen, steigt man aus, denn was soll man noch länger in dem Dreckslift machen, drückt oben wieder auf den Knopf, es wird strahlend hell, und rechts steht auf Messing in stolzen Lettern »K. u. K. Kammer-

sänger Leo Slezak«. Man läutet, da kommt eine
Zofe, in userm Fall die Rosa, und öffnet. Sie fragt
Dich nach Deinem Begehr. Du sagst, Du bist der
Sohn, da wird sie Dich einlassen. Es nimmt Dich
ein kleiner Kleiderablageraum auf, wo Du Deinen
dreckigen Lederrock hinhängst und gleich rechts
aufs Klo gehst und Dir die Pratzen waschen kannst.
Du trittst jetzt in die Diele, einen schönen großen
Raum, und bist im Vaterhause. Aus der Diele links
kommst Du in mein Herrenzimmer, das doppelt so
groß ist wie das in Wien. Da sitzt an seinem
Schreibtisch Dein Vater, der in den Ruf: »Ah, der
Walter!« ausbricht. In Rufe ausbrechen, das mache
ich gut. Du überschüttest mich mit Deinen kindli-
chen Küssen, und Du gehst ins Biedermeierzim-
mer, das dreimal so groß ist wie in Wien, entzük-
kend eingerichtet, der Boden mit Teppichen bespannt, und anschließend eine Glasloggia, wo man
nie sitzt, weil es dort zieht. Mami sagt: »Da werde
ich meine Briefe an den Walter schreiben.« Da hat
sie dann die Ausrede, nicht schreiben zu können,
weil es zieht. Nun kommst Du in den Salon, der
kleiner ist als der in Wien, aber doch auch recht
groß. Anschließend links ist ein kleiner Wintergar-
ten, wo ein ungewöhnlich geschmackloser Mu-
schelbrunnen plätschert, in dem drei Goldfische
sind, namens Hero, Leander und Gallach – Ober-
priester. Sehr alte Goldfische, die die Augen auf
Stangen heraushängen haben und nurmehr auf der
Seite schwimmen können; wir erwarten stündlich
ihr Ableben. Da wird Mami mit Pflanzen und Blumen Orgien feiern. Ein lieber kleiner Raum, wo
man auch nicht sitzen kann, weil es zieht! Aus
einem verrosteten Löwenmaul fließt Wasser in das

Becken. Wenn man es zu stark aufdreht, fließt, das heißt, spritzt es auf den Boden oder auf die Hose, wenn man dort steht. Aus dem Salon kommt man dann ins Speisezimmer: die Hälfte größer als in Wien. Wir haben einen wunderbaren Lüster abgelöst für 200 Mark, der hat sicher seine 1500 neu gekostet – eine Metzie. Da sind zehn Lampen Deckenbeleuchtung, so daß ein Meer von Licht ist, wenn wir – Gott behüte – Gäste haben. Dann kommt man in die Pantry und anschließend in die Küche, die blitzsauber und schneeweiß ist. Wenn Olga, diese schmierige Drecksau, acht Tage drin ist, ist sie eine Räuberhöhle und zum Wegschmeißen. Jetzt am Korridor, mit eingebauten Schränken, das Schlafzimmer: Morgensonne, ein Riesenbalkon, auf dem man frühstücken kann, aber nie wird, weil Mami im Bett frühstückt und ich am Schreibtisch, aber: man kann. Daneben das Badezimmer, kleiner als in Wien, aber sehr schön. Die Wanne tief in den Boden eingelassen mit Stufen, wo man sich leicht erschlagen kann, weil man ausrutscht. Klo, Bidet, Doppelwaschtisch – herrlich. Dann kommt O.'s Zimmer mit Balkon, sehr schön, mit hellblauen Seidentapeten und eingebauten Schränken. Nebenan ist Walters Zimmer, mit Waschgelegenheit. Jetzt wird Minna drin schlafen; die muß, wenn Walter kommt, heraus! Außerdem noch ein großes Kinderzimmer, falls Du noch ein Brüderchen bekommen solltest – jetzt ist es Garderobe, und Rosa residiert dort. So, mein Kind, jetzt hast Du Dir ein Bild von Deinem Elternhaus gemacht; ich will, daß Du alles weißt.

12. 6. 39

Franzose! Bube! Knabe! Sohn! Amerikaner! Ich
begrüße Dich in Europa. *I am awfully glad to see
you in about 24 hours.* Ich wollte Dir nur sagen,
daß wir, jeder Elternteil, eine brennende Kerze in
der Hand halten werden, damit Du uns von den
anderen Menschen auseinanderkennst. Ob meine
Mahnung im Kabel: »Fahre schneller« etwas ge-
nützt hat? Hast Du es dem Kapitän gesagt? Walter,
mein Bub, morgen, an dem 16., stehen Deine greisen Eltern am Pier und warten auf ihren Sohn, den
Walter. Die letzten 14 Tage dreht sich schon alles
um Dich, Du Lausbub, Du dreckiger! Ich trete ganz
in den Hintergrund. Mami hat nur Gedanken auf
Walter, und »wenn der Walter da ist und das ...
und wenn der Walter kommt und das ...«, und ich,
das Patriarchenoberhaupt, ich bin ein Dreck. Meine Stellung ist ohnehin belämmert, jetzt kommst
Du an und fegst den letzten Rest von Position in
den Orkus. »Orkus« ist nicht, was Du Saukerl
meinst, *orcus* ist lateinisch und ganz was anderes.
  Mein geliebter Bub, wir sind selig, wir können es
nicht erwarten. Während Ihr jetzt in Cherbourg
seid, sind wir im Anrollen nach Cuxhaven, und am
Abend sind wir im Hotel »Dölle«, wo wir schon
sehr beliebt sind. Wenn nur recht schönes Wetter
wird, damit wir die Fahrt genießen können. Gott,
werden wir uns erzählen! Teils Unwahres, teils Ge-
logenes. Deine Schwester, die aus Rom kam, erzählte so viel, daß ich Münchhausen als Wickelkind
erklärte. Doch das alles mündlich. Mein Gott, wie
das klingt: mündlich! Keine Scheißbriefe schreiben,
alles gleich sagen. Dein Zimmer ist bereit. Mami

geht alle Viertelstunden hinein, nochmals nachsehen, ob nichts vergessen ist und Du alles hast. Ich glaube, es wird Dir zu Hause gefallen. Nur kochen können wir noch nicht zu Hause, erst in Egern, wo die breitarschige Kleptomanin Olga das Zepter führt. Mein Bub, Mami glaubt nicht an den Spitzbart. Sie sagt: »Das wird er mir nicht antun, der Lauser!« Ich sagte: »No, wenn er es zur nächsten Rolle, wo er einen Teutonen spielt, braucht, muß man ihm halt einen Vollbart umkleben. Ich wenigstens als Vater werde ihn deshalb nicht verstoßen.« Da sagt die Gute: »Wer redet denn von verstoßen? Weil es nur nicht wahr ist und er sich eine Hetz macht.« Also klebe Dir einen Wotanbart zum Empfang, womöglich schwarz. Da mußt Du, unser geliebtes Kind, scheußlich drin aussehen.

Wiedersehn morgen, das heißt, jetzt sind es noch vier Tage, aber wenn Du den Brief kriegst, ist es schon morgen. Tausend Bussi, Du lieber Kerl, Du Sproß – »Sproß« ist fein, so nenne ich Dich von jetzt ab – Slezaksproß!

12. 6. 39

Engländer! Bube! Knabe! Lauser!
Amerikaner! Ausländer!
Auch in England sollst Du begrüßt werden, mein Sohn. Vergiß nicht auf die herrlichen Seezungen in Southampton, lasse Dir welche reservieren, mein Kind. Southampton ohne Seezungen ist wie ein Hemdhinterteil ohne gelbe Flecken. Während Du diesen Brief liest, stehen wir schon am Meeresstrand und lugen nach Dir aus, beide lugen wir, die Mami und ich. Wir sind die kleinen Meeresstrand-

luger. Mein Gott, wie freuen wir uns, daß Du heimkommst, die neue Wohnung siehst, die so nach
Globol stinkt, daß ich erwäge, ob ich nicht ins Hotel ziehen soll, daß Du die Mami siehst, wie sie
häuslich ist, die Liebe, mich siehst, wie ich mich
schinde; gestern habe ich zehn Patiencen gelegt!
Ich bin das, was man in Märchenbüchern mit Recht
eine Drohne nennt.

Mein geliebter Bub! Deine Ankündigung mit
dem Deutsch Radebrechen wollen wir von vorn-
herein abstellen und gleich von Anfang an richtig
Deutsch reden, weil Du sonst ein paar Watschen
von mir bekommst, Du Sproß! Ich gestatte Dir,
dreimal am Tage *well* oder *all right* oder *sure* zu
sagen, aber nicht alle drei auf einmal, sondern entweder *well* oder *all right* oder *sure*, verstehst Du?
Meine Freude über Dein Kommen ist so groß, daß
ich Dir gestatte, einmal im Laufe Deiner Anwesen-
heit mit der flachen Hand über meine Nase zu rei-
ben. Es soll nicht in Gewöhnung ausarten, wie gesagt, nur einmal. Mein lieber, lieber, lieber Bub,
noch zwölf Stunden, dann haben wir uns wieder
und können uns alles erzählen. Noch vier Tage muß
ich warten, aber dann picken wir aufeinander, daß
uns in einigen Tagen erheblich mies voreinander
sein wird. ... Vergesse die Seezungen nicht, Walter, und nur *meunière* mit Butter, gib keine Zitrone
drauf, das ist falsch.

Donnerstag, 27. 7. 39

Bang ist mir nach Dir, so leer und öde ist es. Ich
rufe am Klo: »Walter!« ohne Echo. All das Liebe,
Sonnige der letzten Wochen ist dahin, und wir seh-

nen uns sehr. Es ist eisig, es gießt immer, und es gibt nichts Neues. Ich war vorgestern schon sehr nervös, als kein Anruf kam, war wie erlöst, als es klingelte. Minna war gerade da, der gab ich ihre Broschüre zurück und sagte, es hat Dich sehr interessiert. Gestern nachmittag war Friedel Reichenberger und mein Dallesverwalter aus Tegernsee zur Jause hier. Es war sehr nett, und haben wir viel erfahren. Also unser lieber Ali soll am 23. entbinden.

Mami und ich meinen, falls Dir der Aufenthalt in Degersheim nicht konvenieren sollte, sollst Du am 10., wie bereits vorgesehen, von Cherbourg aus mit der »Hamburg« hinüberfahren und lieber dort eine Kur machen. Denn wenn Du diese Reise noch einmal in Dollar zahlen mußt, so hast Du nichts gewonnen und kommst gerade in eine ungünstige Zeit. Wir beabsichtigen, am Montag, dem 7., zu Dir zu kommen. Da können wir dann alles besprechen.

Von Gretel haben wir nichts gehört – kein Anruf und keine Zeile, nichts. Bitte schreibe ausführlich, wie es dort ist, was für eine Kur das ist, und wie das Essen ist. Daß keine schönen Frauen für Dich dort sind, ist meine mittlere Sorge, weil Du eben im Titschkerln ein wenig innehalten wirst, Du Saumagen, Du ausg'schamter! Mami und ich sind sehr traurig, daß unser lieber HB nicht da ist. Sheltons kann man unter dem Namen Shelton nur gewöhnliche Briefe schreiben, eingeschriebene Sachen oder eingeschriebene Pakete und Kabel müssen unter ihrem eigenen arischen Namen Schlesinger, wo sie sich eventuell legitimieren müssen, geschickt werden. Also mirk Dir das, mein Kind. Das mirkst Dir, Du Hammel, Du hundsheiterer, daß d'as woaßt.

Bitte schreibe ihnen öfters. Du schreibst ja schnell
und lustig, kannst ja auch von dort schreiben, was
Du willst, also tu mir die Liebe, gelt? Vergiß nicht,
die Rückseite des Kuverts an mich zu senden, wegen der Briefmarken. Die O. frägt fortwährend, ob
Du zum Essen zurück bist.

13. 8. 39

Ich kann Dir nicht beschreiben, so mutlos war ich
selten der Zukunft gegenübergestanden. Es kommt
alles zusammen, vor allem die Kriegsgefahr, die uns
drohender näherrückt und namentlich auf dem
Reichsparteitag proklamiert wird. Deine Abreise,
die endgültige Trennung auf lange Zeit, weiß Gott,
wie lange, denn bei meiner finanziellen Verfassung
ist es ja ausgeschlossen, daß ich mir eine Amerika-
fahrt leisten kann, und dann alles Drum und Dran,
die Rechnungen und Ausgaben wachsen ins Gigan-
tische. Wenn ich nicht verdiene, weiß ich nicht, wo
ich es hernehmen soll, und eines Tages wird alles zu
Ende sein, und ich bin ein Bettler. Denn wenn
Krieg kommt, werden die Pensionen wegfallen,
und auch die Leibrente wird nicht mehr gezahlt
werden können, und was dann? Wenn es – Gott
behüte – zum Kriege kommt, so wird es Jahre dauern, bis der zu Ende ist; denn keiner wird sich für
besiegt erklären. Wenn ich nicht schon so alt wäre,
so könnte ich mir denken, ich kann mir das Leben
noch einmal aufbauen, wie vor 18 Jahren, nach der
Inflation. Aber jetzt werde ich 66, ich sehe aus wie
104 auf dem Bild am Säntis. Ich verstehe es, daß
man mich mit diesem alten Gefries nirgends haben
will.

Mein Walterle, mir ist so unsagbar schwer ums Herz, ich kann es Dir nicht sagen. Die Angst, daß unsere süße Mami noch im Alter mit mir in Not kommen könnte, drückt mich nieder, wie ich es kaum noch ertragen mag. Mein ganzes Leben habe ich alles, was in meiner Macht stand, ihr das Leben schön zu machen, getan und sie zu verwöhnen gesucht, was manchmal sehr schwer ist, weil sie so furchtbar anspruchslos ist. Wenn ich das nicht mehr kann, ist alles zu Ende mit mir. Oft sitze ich allein und heule mich aus, ohne daß es die Mami sieht. Dann sage ich mir wieder, unser Herrgott hat alles richtig gemacht für uns, hat uns sichtlich beschützt und beschirmt, so wird er es vielleicht auch in dieser Krise tun. Wenn ich Dich doch da hätte, Du hast so etwas Beruhigendes für mich, und ich habe einen Halt an Dir. Die Gretel ist ein Mikrocephalus, ein kleingehirniger lieber Trottel, und außerdem mag sie mich nicht sehr, ebenso wie die Helga. Ich fühle das; es ist eine äußerst oberflächliche Angelegenheit, bei der ich so wenig Rolle spiele, daß, wenn ich nicht mehr da bin, es auch nicht viel ausmachen wird. Ich habe also keinen Menschen, mit dem ich mich aussprechen könnte, denn wenn ich Mami meine Angst sag, so belaste ich sie auch, daß sie auch am Leben zweifelt. Mami soll verschont sein, so lange es nur irgend geht. Was werden die nächsten Wochen bringen! Jedenfalls gehen wir nicht nach Berlin, wenn es Krieg geben sollte, sondern bleiben in Egern. Ich habe viel Angst, daß auch zwischen uns jede Verbindung eventuell abgeschnitten sein wird. Da müßten wir uns über Onkel Emil schreiben, um nur wenigstens zu wissen, daß wir leben und gesund sind. Denn Amerika ist uns ja

auch nicht gut und wird, Gott behüte, in den Krieg
eingreifen. Da ist dann jede Verbindung zerstört.
Da kann man nur an Onkel Emil schreiben, der
kuvertiert den Brief um und legt ihn bei. Da müßtest Du hie und da ein paar Dollar an ihn schicken,
damit er für uns kabeln kann, wenn es nottut. Man
muß das ja alles jetzt schon besprechen, denn dann
ist es zu spät. Du mußt es dann, wenn es soweit sein
sollte, auch Sheltons mitteilen. Jetzt will ich sie damit nicht aufregen! . . .

15. 8. 39

Nachdem ich schon ganz steif bin vor lauter Schreiben – das ist jetzt der dritte Brief –, so will ich mich
nur darauf beschränken, Dir eine gute Fahrt und
eine stürmische See zu wünschen, so stürmisch, daß
Du seekrank bist und nichts fressen kannst. Mami,
der ich es sagte, findet es grauslich von mir, aber im
stillen denkt sie sich, das wäre duli, wenn Du kotzt
und nicht fräßest. Ich will in Ermahnungen und
Ratschlägen innehalten, weil Du mich sonst nicht
mehr magst, und ich will, daß Du mich magst, weil
ich Dich auch mag, weißt Du? Sage dem Kapitän,
er soll aufpassen, daß er keine Fische überfährt und
daß nichts passiert. Bei den Neufundlandbänken
soll er Obacht geben, daß kein Stunk ist, und wenn
Eisberge kommen, soll er nicht hineinfahren, sondern um sie herum. Sage ihm das. Sage ihm, ich
kenne die Strecke, und er soll aufpassen.

Mein Gott, wie wenig Humor bringe ich jetzt auf.
Ich bin so deprimiert, daß mir nichts anderes ein-
fällt. Klagen will ich auch nicht. Klageweiber gehen
einem immer nur auf die Nerven, und ich will Dir

nicht auf die Nerven gehen. Walterle, beug Dich
nicht über die Reling, kotze aufs Promenadendeck,
damit Du nicht in den Ozean fällst und den Mee-
resspiegel zerbrichst!

Ich ziehe mich jetzt in die Dunkelkammer zurück. Die Bilder aus dem Weltkurort Degersheim
sind gut geworden. Ich habe jetzt noch eine Wut,
daß Du mir den Film beinahe verloren hättest.
Jetzt, mein geliebtes Kind, mache ich aber ernstlich
Schluß. Mir ist schon ganz krampfig in der Hand.
Mami und ich küssen Dich und bitten den lieben
Gott, daß er Dich recht gesund sein läßt. Schau,
daß Du Dir eine goldige Braut heimführst und sor-
genlos mit ihr lebst. Reise gut, komm gut an, und
behalte lieb Deine geliebte Mami und

Deinen alten Papa

25. 8. 39

Es ist jetzt 6 Uhr. Wir haben noch kein Kabel von
Dir, sind natürlich sehr aufgeregt, obzwar ja kein
Grund zur Sorge ist, denn Du bist sicher schon in
New York. Aber vielleicht habt Ihr ein paar Stun-
den Verspätung gehabt.

Ich sitze den ganzen Tag am Radio und rege mich
so auf, daß ich mir vorgenommen habe, nicht mehr
Radio zu hören, und wie die Nachrichten kommen,
drehe ich halt wieder auf, um zu hören. Schon um 7
Uhr früh fängt es an mit München. Also die Polen
geben keine Ruhe und attackieren uns arme Deutschen, schießen auf unsere Flugzeuge. Jetzt wartet
man stündlich darauf, daß der Führer Befehl gibt
zum Marschieren. Die Franzosen haben mobili-
siert, die Engländer haben Minen gelegt im Kanal,

die Italiener haben den »Conti di Savoye« und den »Rex« nicht mehr ausfahren lassen, und ich glaube nicht, daß die »Hansa« der Hapag morgen abfahren wird. Also es war wirklich die allerletzte Möglichkeit, daß Du, mein Kind, wegkamst und wir wenigstens zu der allgemeinen Angst nicht auch noch die Sorge um Dich haben!

Wir können schon Deine Nachricht nicht erwarten. Hoffentlich hast Du oft und viel an Bord geschrieben. Dieses Bündnis mit Rußland ist ein ungeheurer diplomatischer Erfolg und ein großes Glück für uns, daß wir keinen Feind im Osten haben, der uns bedrängt. Praktisch können ja die Engländer und Franzosen nicht viel machen, höchstens mit Flugzeugen Städte bombardieren. Wir beten nur zu Gott, daß nicht ein allgemeiner Weltbrand entsteht. Morgen ist die Feier der Schlacht von Tannenberg, da wird der Oberstkommandierende und, wenn ich nicht irre, auch unser geliebter Führer sprechen. Alles ist wie im Fieber. Die arme Minne Zimmermann bangt um ihren Sohn Jörg, der an der polnischen Grenze liegt, und wir mit ihr. Was diese arme Frau ertragen muß, es ist entsetzlich!

28. 8. 39

Bei uns ist alles weg, alles leer. Bankdirektor Götz, den Du ja kennst, ist 51 und vorgestern eingerückt. Ich habe ihn an die Bahn begleitet. Alles strömte weg. Alle Sommergäste fuhren ab, ein Geschrei und Wirbel, wenn ich da hätte mitfahren müssen! Alle mußten stehen, trotzdem der Zug eine dreifache Anzahl der Waggons hatte. Gestern bekamen wir Lebensmittelkarten mit sofortiger Wirkung, als Vorbeugungsmaßregel. Es ist ja alles im Überfluß da, muß aber eingeteilt werden, daß die Leute nicht sinnlos hamstern und dann die Ernährung wirklich erschweren. Na, Du liest ja sicher alles in den Blättern. Gestern um halb zwölf saß ich am Schalter, auf einmal steht Minnerl da. Sie ist *à tempo* heimgekommen, denn ab heute gibt es keinen Zugsverkehr mehr. Wir sind froh, daß sie da ist. Sie nimmt Mami soviel Arbeit ab und bringt ein bißchen Jugend und Leben in unsere Bude.

Die O. ist selig: Ich habe ihr einen Brief von der Generaloberleitung der Gebirgsmarine vorgelesen, wo sie wegen ihres eifrigen Strickens von Wickelgamaschen gelobt wird und ihr die Oberste Heeresleitung eine Tüte Schnapszuckerln als Prämie sandte. Die Liebe, sie hat überhaupt keine Ahnung. . . .

2. September 1939

Also die Würfel sind gefallen. Gestern hatten wir einen panikartigen Schreckenstag, als schon um sechs Uhr früh der Deutschlandsender den Aufruf unseres herrlichen Führers an die Wehrmacht durchgab. Um zehn Uhr war dann die Reichsratssitzung, wo er seine mächtige Rede hielt, die uns alle so überzeugte, daß jeder einsehen mußte, daß er nicht anders konnte. Die Polen haben seine gewiß bescheidenen Vorschläge abgelehnt, da mußte er es zum Äußersten kommen lassen. Durch den Ort saust ein Lastauto mit Sirenengeheul. Krieg! Ein schreckliches Wort. Abends war strengste Verdunklung für die nächste Zeit auf Widerruf angesagt, wie das Heilige Grab war unser Haus. Ich

habe für alle Fälle das Radio und alles, was nicht
zum Auto gehört, abmontieren lassen und heraus-
genommen, falls es abgeholt wird, was ich allerdings vorläufig noch nicht glaube, denn mit diesem
riesigen amerikanischen Wagen, für den sie keine
Ersatzteile haben, können sie ja nicht viel anfan-
gen. Aber sicher ist sicher. . . .

1. Oktober 1939

Mein Gott, war das eine Freude, als mir Tegernsee
Dein Kabel am Telefon durchgab, und direkt auch
noch dazu. Ich fragte, ob man denn mit den USA
direkt verkehren könnte, da sagte man mir: Es war
nur vorübergehend gesperrt, man kann wieder
schreiben und kabeln. Kannst Dir vorstellen, wie
glücklich ich bin, wieder mit der Hand, ohne Zensur, schreiben zu dürfen . . .

Du brauchst Dir wegen uns keine Sorgen zu ma-
chen, mein Kind, wir sind hier in Egern in unserem
Herrgottswinkel sicher und gut aufgehoben, unser
Leben geht seinen gewohnten Gang.

Trotz meiner großen Depression arbeite ich fleißig an meinem Buch, es lenkt mich ab, und ich
hoffe, daß ich genügend zusammenbringe, daß ein
gutes Buch daraus wird. Das erste Buch hab' ich ja
auch im Krieg geschrieben und dann Inflationsgeld
dafür bekommen. Also an eine Inflation ist bei uns
nicht zu denken, das will der Führer nicht. Nach
unseren Radioberichten stehen wir wirtschaftlich
glänzend, und wir glauben ja alles, was die im Radio berichten, und die Lebensmittelkarten und Be-
zugscheine sind nur Vorbeugungsmaßnahmen, die
einen eventuellen langen Krieg möglich machen

sollen. Ach, es ist ja alles so wunderbar organisiert, da muß man nur staunen, woran alles gedacht wird. Ich danke jeden Tag meinem Schöpfer auf den Knien, daß wir nicht um Dich bangen müssen, und so Gott will, wird wieder die Sonne scheinen, und wir werden wieder vereint sein bei Dir, vielleicht gibt es der liebe Gott.

29. November 1939

Also wir sind in Prag wie in einem Märchen, haben hier in diesem schönen Hotel zwei entzückende Zimmer mit Bad. Wir haben es hier sehr behaglich, alles ist sehr nett zu uns, wir werden verwöhnt, und das Essen ist unwahrscheinlich gut. Es ist alles in fabelhafter Fülle da. Gestern war ich am Wenzelsplatz geschlendert, und bei den Auslagen sind mir die Augen aus den Höhlen getreten vor Begierde und Begehr. Gestern hätte ich heulen mögen, da stand auf meinem Kalender: Walter und Mady Weihnachtspaket absenden, Gänsebrust etc. Es ist leider nicht möglich, und so kommst Du armer Bub wieder um Deine Weihnachten. Ich habe gehofft, daß ich von hier aus werde telegrafieren können, aber es ist von hier auch gesperrt; nur Briefe kann man schreiben, das ist gnädig gestattet. Ob Du diesen Brief zu Weihnachten bekommst? Ob Du ihn überhaupt bekommst? Es ist alles so unsicher. Wer weiß, wie viele unserer Briefe am Grunde des Meeres liegen.

Am Freitag, übermorgen, beginnt die Arbeit, da heißt es um sechs Uhr früh aufstehn, um halb acht aus dem Hotel fahren, um neun Uhr drehfertig. Hoffentlich halte ich die Arbeit aus, da ich zu

Weihnachten nur drei freie Tage habe. Die beiden
Filme hier dauern bis Mitte Februar, da bleiben wir
schön ruhig hier sitzen. Minnerl geht auf acht Tage
zu Weihnachten nach Hause, und da ist Frau Toni
bei uns, die die O. betreut. Mit Maxi Taussig darf
ich mich auf der Straße nicht zeigen, es tut mir das
Herz weh, ein so lieber Kerl es ist. Zu ihm in die
Wohnung kann ich nicht, weil er im vierten Stock
wohnt, und sie haben ihm, weil noch mehrere Juden im Haus wohnen, den Lift gesperrt. Ins Hotel
traut er sich nicht, und da ist mir ein genialer Ein-
fall gekommen. Alle paar Tage, wann immer ich
Zeit hab', treffen wir uns auf ein, zwei Stunden in
einem Stundenhotel, spielen Karten, reden, plauschen und jammern uns gegenseitig an. Dabei habe
ich die Angst, daß wir zwei alten Männer eventuell
als Homosexuelle verhaftet werden. Aber das ist
die einzige Möglichkeit, ihn zu sehen und mit ihm
zusammenzusein.

Silvester 1939

Heute, am letzten Tag im Jahre, muß ich noch mit
Dir plauschen, habe ich das Bedürfnis mit Dir zu
reden, Dich anzujammern und Dir von unserer
Liebe zu sagen, die Mami und ich für Dich empfinden. Also das Jahr 1939 war an sich speziell für uns
bis August nicht schlecht. Aber dann der Krieg, mit
Gottes Hilfe wird das 40er Jahr erlösender, das soll
ja auf die astrologischen Prospekte hin gut sein.
Also hoffen wir, ich bete jeden Tag, daß wir heil aus
dem Krieg hervorgehn und in absehbarer Zeit wieder aufatmen können. Ich habe mich erkundigt, ob
ich von hier aus einen Klipperbrief an Dich absen-

den dürfte, aber man sagte mir, es ginge nicht. »Warum?« fragte ich, das weiß man nicht. Onkel Emil schrieb mir, daß der Kabelstock bald aufgebraucht ist. Ich werde jetzt lange nicht kabeln. Vielleicht erlegst Du wieder 10 Dollar, damit ich telegraphieren kann, wenn etwas Dringendes ist. . . .

1940

30. Januar 1940

Gestern bekam ich von Egern die Nachricht, daß unser Koks zu Ende geht und keiner zu bekommen ist. Viele Familien haben schon seit Wochen kein Stäubchen Brennstoff mehr, es waren immer 22 bis 24 Grad unter Null. Der Winter dauert noch wenigstens zwei Monate, in einem Monat kommen wir heim und sollen frieren, was ich für viel schlimmer halte als hungern. Keiner von den dortigen Händlern hat ein Stäubchen Koks.

Gretel hat es vorerst noch warm, nur warmes Wasser gibt es nur einmal die Woche, am Samstag. Hier in Prag ist alles fast normal und ein Eldorado in jeder Beziehung, weil man sich für Geld noch alles kaufen kann, was im Reich ganz ausgeschlossen ist, was ich natürlich herzlichst begrüße.

Jetzt habe ich 14 Tage Pause, wir bleiben ruhig da an Ort und Stelle. Anfang März wird es wohl werden, bis wir wieder mit dem Film fertig sind. Ach, wenn dieser Krieg nur schon zu Ende wäre! Wann wird das wohl sein? Alles blickt vertrauensvoll auf unseren geliebten Führer, er ist unser Hort, und von dem wollen sie uns trennen, er soll der Preis des Friedens sein. Niemals! Heil Hitler! Bussi, Dein Vater.

Egern, Sonntag, 26.5. 40

Mein geliebter Bubindo, Knabe, Radiostar und
Lauser. Das war gestern eine herrliche Überraschung, ich traute meinen Augen nicht, als der Pa-
ketwagen bei uns hielt und mit zwei Paketen ange-
stiegen kam. Der Lloyd sandte im Auftrage eines
Verwandten diese Liebesgabe, hieß es. Zuerst haben wir hin- und hergeraten, wer denn dieser Ver-
wandte sein könnte, wieso aus Amerika, da schoß
es uns wie ein Blitz durch den Kopf, aha, wir haben
doch einen Verwandten drüben, wenn ich nicht irre, einen Sohn, vielleicht ist es gar von jenem? Was
sagst Du zu dieser Megille? Dein Vater wird schon
alt, er verblödet allmählich. Also diese Freude, am
meisten über den Speck, denn mit Fett hapert es
am meisten. Na, und der Büchsenschinken, die beiden Würste, der Kaffee, drei Kilo, ambaraderi-
schaas (= embarasse de richesse), von allem, herrlich. Mami hat zwar gleich gejammert, daß Du viel
Geld ausgegeben hast, aber ich beruhigte sie und
sagte, alles kostet einen Quarter, Du hast besondere Beziehungen, weil Du ein Schtar bist und aus
Amerika. Also vielen Dank, mein geliebtes Kinderle, bist ein Guter und gehörst Deiner Mami und
dem lieben Papa ganz allein. Die beiden Würste
sind prima, noch Friedenswürste, weil da noch ech-
tes Fleisch drinnen ist und der Speck auch noch
Originalrohstoff, nicht wie unser Kaffee synthetisch
aufgrund erstklassiger Forschungen der Chemie
hergestellt, echt vom Hintern eines Schweines, einfach lecker, obzwar der chemische Speck bekömm-
licher sein soll, weißt? Jetzt sollen nur noch die von
Dir besungenen Platten ankommen, da allerdings

habe ich keine Hoffnung, denn das kann die Zensur nicht durchlassen, ein Grammophon haben sie dort nicht und auch keine Zeit, und es kann ja doch etwas sein, das dem Lande schadet. Das verstehe ich, aber bitte, mein Kinderle, besinge noch welche, und zwar mehrere, denn ich habe jetzt die feste Hoffnung, daß der Krieg nach all diesen fabelhaften Erfolgen nicht mehr allzulange dauern kann, und dann telegrafiere ich zweimal täglich, und Du sendest jeden Tag eine besungene Platte. Da kriegst Du auch Deine Platten, Deine Büste und alles, was Du haben willst. Wir sind den ganzen Tag so aufgepeitscht, und am Abend gehen wir mit Herzklopfen zu Bett, hängen bis Mitternacht am Radio, um nur ja keine Meldung zu versäumen. Fast jeden Tag sind mehrere Sondermeldungen mit unwahrscheinlichen Siegen; wenn einmal zwei Stunden keine Siege gemeldet werden, ist man beleidigt. Wir sind immer noch da und wissen nicht, wann wir wegfahren, vielleicht platzt alles, und wir bleiben da, was nicht ungünstig wäre. Ach, es ist ja so schön da, noch nie habe ich es so empfunden wie jetzt im Krieg, so ganz abseits von all dem Grauenvollen, in Harmonie. Um Deine Mami herum ist die Güte und Liebe, ohne die ich nicht leben könnte. Für Dein Kabel habe ich Dir ja schon gedankt, bitte innig, jede Woche, es gibt so eine Beruhigung. Aber gib kein Geld mehr für Fressalien aus, wir haben alles.

6. Juni 1940

Dein letzter Brief hat uns selig gemacht, es ist wieder Dein alter, lieber Humor drinnen und Deine

Zufriedenheit mit Deiner Arbeit. Mein Kind, ich
kenne das. Die Niedergeschlagenheit, wenn das
Singen nicht so geht, wie man sich's wünscht. Als
reifer Sänger hatte ich es sehr, sehr oft. Das hat
jeder, der es ernst meint und ehrgeizig ist. Aber
Gott wird geben, daß Du das erreichst, was Du Dir
ersehnst. Was gäbe ich drum, wenn ich bei Dir sein
und Dich beraten und schützen könnte. Nach dem
Gefühl, das Du nach dem Singen hast, glaube ich,
daß der kleine Jidd das Richtige ist. Du darfst nur
nicht so müde werden, daß Du Dich vor dem Singen fürchtest, sondern es muß immer ein frohes
Wollen da sein, nichts Verkrampftes. Wegen des
Atems bin ich aber nicht seiner Meinung, daß Du
mehr Atem hast, als Du brauchst. Das hat mit dem
Atmen beim Singen nichts zu tun. Die Atemübun-
gen und das Training des Atems für den Gesang
sind dazu da, um den Atem so zu behandeln, daß
man zum Singen so wenig wie möglich davon ge-
braucht und bei einer immer noch und immer noch
so langen Phrase eine schöne Reserve hat. Das muß
täglich geübt sein und trainiert werden.
   ... Ich habe es immer nach der Uhr gemacht,
nach dem Sekundenzeiger, und nach dem Atmen
den Atem solange wie möglich anhalten und ihn
dann in kleinen Pralls abgeben, solange wie möglich, um die sparsame Verteilung recht in Fleisch
und Blut zu bekommen. Ich hatte es auf 55 Sekun-
den bis eine Minute gebracht, den Atem anzuhal-
ten, dann noch über eine Minute, um ihn abzugeben. Ich weiß nicht, ob Du mich recht verstehst,
jedenfalls, mein Kind, ist das Atmen unsere Basis
und die Antwort, daß Du genug Atem hast, ist die
eines Arschlochs. Aber das Wichtigste ist, daß er

Dir die Stimme schön herausbringt, daß sie richtig
sitzt, alles andere ist Sache Deiner Intelligenz und
Deines Empfindens. Mein Kinderle, sich das höchste Ziel stecken, keine Kompromisse machen, ob es
erreicht wird, ist egal. Aber immer daran glauben
und sich fest vornehmen, es zu erreichen.

Berlin, 27. Juni 1940

Wir leben jetzt in ununterbrochener Aufregung, jeden Abend diese Angst, ob man am nächsten Morgen noch aufwachen wird. Es ist schrecklich. Sie
werfen jetzt planlos aus höchster Höhe Bomben
herab, egal wohin sie fallen, ohne auf bestimmte
Objekte zu zielen. Jede Nacht gibt es unter der
Zivilbevölkerung Deutschlands viele Todesfälle.
Gestern abend waren wir in »Undine«, Gretel sang
die Bertalda und war heiser, mußte sich annoncie-
ren lassen, ach, es war sehr unangenehm. Und da
muß ich dabei sein, wo ich so entsetzlich leide,
wenn ich unter Menschen gehen muß, die einen
angaffen und anstarren. Wagen gibt es keinen, da
heißt es an der Elektrischen stehn, 16 andere Li-
nien an sich vorübergehen lassen, bis Nr. 75
kommt, dann noch ein großes Stück zu Fuß gehn,
dann diese vielen Menschen, die ich nicht sehen
kann und verabscheue. Jedes Mitleid, Erbarmen
und die Menschenliebe ist außer Kurs gekommen.
Einer bringt den andern um und findet es selbstverständlich.

Gestern bekam ich auch einen Hilfeschrei aus
Prag von Maxi. Er soll in wenigen Tagen seine
Wohnung räumen, er weiß nicht wohin, es gibt kei-
ne Wohnung, er fleht mich an, ich soll ihm helfen.

Wie kann ich das? Jede Intervention ist von vorn-
herein aussichtslos. Ich bin ratlos und kann nichts
tun. Ich will mich mit Gretel beraten, ob man nicht
doch etwas versuchen könnte. Aber ich fürchte, es
ist aussichtslos, weil der betreffende Funktionär ja
nichts tun darf, weil es sonst um seinen Kragen
geht. Eine fürchterliche Situation. Der arme, liebe
Kerl, ich habe Angst, er nimmt sich das Leben.

Zell am See, 3. August 1940

Wir sind gut angekommen hier. Dank der Bewilligung, früher einsteigen zu dürfen, war die Fahrt
ganz angenehm für uns. Aber für die anderen entsetzlich, im Korridor standen sie sich auf den Füßen, und eine Wanderung zum Klo war ein unangenehmes Erlebnis. Mein Gott, man glaubt ja nicht,
was die Menschen geduldig aushalten. Am Rück-
weg fahren wir mit einem Personenzug nach Salzburg, von dort mit dem Schlafwagen um ein Uhr
nachts nach Wien, und von dort nach Prag, dann
noch einmal nach Wien und dann erst nach München, und dann Egern. Ein bisserl viel für einen so
alten Herrn.

Du ahnst nicht, wie unsagbar traurig es hier in
Wien ist. In Berlin ist bei jedem Kreisler Obst in
Hülle und Fülle und in Wien nur Paradeiser und
Kohl. Ein Radi wird hier schon als Glücksfall ge-
wertet. Es wohnen alle Kollegen hier, ich seh' sie
nur beim Arbeiten, im Speisesaal *per distance,*
sonst bin ich mit unserer Mami immer allein, da ist
es am schönsten. Wir haben leider ein garstiges
Zimmer, klein und schlecht eingerichtet, aber die
Aussicht ist schön, auf den Großglockner.

Man erzählt hier, daß Armin Berg gestorben ist, von Bruno Walter sagt man es auch. Hoffentlich ist auch das mit der Jeritza nicht wahr.

Vorgestern kam ein Brief an Dich über Sibirien und Japan zurück mit der Begründung: unbekannt. Wie ist so etwas möglich? um Gottes willen.

Mamis Wunschtraum und Gedanke, daß Du nach Deutschland zurückkommst, um hier Theater zu spielen, halte ich speziell für Dich für sehr ungünstig, weil Du es meines Erachtens keine 14 Tage aushalten würdest. Du ahnst nicht, was sich hier an Hinternkriecherei und Intrigen tut. Nein, mein Kind, Du flöhest in Bälde, wie wir Dich kennen. Auch wärest Du wahrscheinlich bald eingezogen und müßtest ein Krieger und ein Held werden, und das wollen wir doch vermeiden. Ich sehe die Atmosphäre bei Gretel im Theater und erschaure bei dem Gedanken, daß ich da mitmachen müßte. Ich glaube, ich würde verrecken, ehe ich mich da zurechtfände. Heute lasen wir, daß bei Euch in Amerika allgemeine Wehrverpflichtung eingeführt wurde, aber nur bis zu 31 Jahren. Na, mit Gottes Hilfe bleibst Du davon verschont.

1. Oktober 1940

... Also, von einem Ende des Krieges ist keine Rede. Alles rüstet zum zweiten Kriegswinter. Gottlob ist das Reich wohlgerüstet und kann dem Winter mit Frohlocken entgegensehen. Ich komme aus dem Frohlocken nicht heraus.

Wir haben hier schon drei Zentner Winteräpfel, 14 Zentner Kartoffeln und vier Fässer Sauerkraut, drei Zentner gelbe Rüben, also verhungern werden wir nicht. Auch Koks habe ich etwas bekommen. Minna bleibt jetzt drei Tage weg. Einen zum Hinfahren, einen zum Heiraten, einen zum Heimkommen. Unser kleiner Scotch-Terrier, die Susi, hat ein rosarotes Arschloch, das sieht so ordinär aus, ich wollte es ihr mit Schuhwichse färben, aber die Mami ist dagegen. Ali, das schlimme Kind, wird sich nicht bessern. Alle Spielsachen reißt er an sich, ein wirklich zügelloses Kind. Wir haben ja so gelacht, als Du das geschrieben hast...

30. 12. 1940

Der Heilige Abend ist gottlob vorbei. Es war wohl der traurigste, den ich je erlebte. Denke Dir, Dein Kabel, das Du am 22. aufgegeben hast, kam erst am 25. vormittags. Ich habe mich so wahnsinnig aufgeregt, als Stunde um Stunde verrann und kein Kabel kam. Habe zehnmal die Post angerufen und bin dann ganz verstört, mit furchtbaren Schmerzen um zehn Uhr ins Bett gegangen. Hatte schon die schrecklichsten Bilder vor Augen, sah Dich schwer krank. Erst am nächsten Tag um zehn Uhr kam die Erlösung. Post kommt überhaupt keine mehr, weder von Dir, noch von der Tante. Dein letzter Brief ist vom 14. Oktober. Gott sei gelobt, daß Du jede Woche kabelst.

1941

... Mein Gott, wie gerne wüßte ich, ob Du Post von mir bekommst. Denn wie man allgemein sagt, ist der Postweg nur über Sibirien möglich. Die Flugpost nur bis Moskau, von da ab den langen normalen Weg.

Um Dir auch noch das Allerneueste zu berichten: Es wurde heute laut Verordnung des Reichsdatumsleiters das Jahr 1940 zum Jahr 1941 befördert, worüber allgemeine Freude herrscht und wofür wir dem Führer auf den Knien danken. Sonst gibt es nichts Neues, was vorgefallen wäre, das Freude macht.

6. Mai 1941

...Vorgestern sind wir hier in Rom angekommen; die Reise war sehr anstrengend für mich, weil wir keine durchgehenden Couchets hatten, ich in der Nacht auf mich allein angewiesen war und meine Hilflosigkeit so recht zu fühlen bekam. Als wir von Egern wegfuhren, war Dein Geburtstag, und es lag tiefer Schnee. Sogar in Florenz schneite es noch. In Rom angekommen, war das Wetter alles, nur nicht römisch. Kalt, windig und kein Sonnentag. Wir haben eine reizende Wohnung im Hotel Flora, im fünften Stock mit Balkon und zahlen mit Rosa zusammen 150 Lire. Da wir für Rosa auch noch 120 Lire bekommen, so haben wir täglich 480 Lire, damit werden wir schon auskommen. Zu allem Überfluß bin ich bei der Besichtigung der Basilika St. Pauls in der Kirche auf dem Steinboden gerutscht und gestürzt und auf das rechte Knie und beide Hände gefallen, so daß die Schmerzen wieder größer geworden sind und ich auch schlecht gehen kann. Mir kommt vor, als ob es für mich auf dieser Welt keinen Ruhepunkt mehr gibt. Ich esse fast jeden Tag Lobster, denn wenn wir einmal von hier fort sind, hat es sich für lange Zeit ausgelobstert. Vom Krieg merkt man hier noch fast gar nichts, die Menschen sind vergnügt und froh, die Weiber angestrichen wie der Hintern eines Mandrills, haben winzige Clown-Hütchen am Schädel, und die ältesten Weiber tragen Rockerl bis über die Knie. Mami kirchelt sehr stark, da bleibe ich aber im Wagen sitzen und bespreche mit dem Kutscher die Lage. Der Film, den wir machen, ist konzentrierte und gequirlte Affenscheiße und an Blödheit nicht zu überbieten. Es wird während der Arbeit immer noch am Buch herumgepfuscht, und ich bin neugierig, was da herauskommt. Mit unseren Diäten kommen wir gut aus, ich glaube sogar, daß uns noch etwas übrigbleibt. Die Postverbindung mit zu Haus ist entsetzlich, von Gretel hören wir gar nichts.

1. Juni 1941

Das ist der erste Brief, den ich an Dich selber schreibe. Ich habe schon einen an Mady geschrieben, bin sehr müde geworden, also ich weiß nicht, wie weit ich komme. Unser Aufenthalt in Rom geht seinem Ende zu; am Freitag, dem 5., fahren wir wieder heim nach Egern. Es tut uns das Herz weh, dieses herrliche Leben im Stiche lassen zu müssen; ich wäre gern noch einige Wochen privat dageblieben, aber ich habe keine Devisen, also muß ich heimgehen aus diesem Schlaraffenland. Ich habe mich sehr erholt, man war hier entsetzt, wie ich ausgesehen habe: ganz abgemagert, ein fahles, knochiges Gesicht, ganz trüben Blick, ein Bild des Jammers. Jetzt bin ich aber wieder ganz fesch beisammen, habe einige Kilo zugenommen, es war aber auch unnatürlich, in sieben Monaten 25 Kilo abzunehmen. Ich war ja schon so matt, aber jetzt ist alles wieder in Butter, die Hände sind besser, die rechte Hand ziemlich gut, die linke allerdings noch recht steif, aber es wird wieder. . . .

7. 6. 1941

Also wir sind noch immer in Rom, sollten schon am fünften wegfahren, am dritten sollte die letzte Szene sein, da kam Rühmann mit einer geschwollenen Unterlippe daher, mit einer Mohrenpappen, und aus war's. Jetzt sitzen wir da und warten darauf, daß der liebe Mann abschwillt. Ich fahre vormittags immer mit Mami in einer Karosse spazieren, wo wir unter den Furzen des Pferdes zu leiden haben. Aber das macht nichts, immer furzt es nicht, es sind da Intervalle, wo es schweigt, und die sind besonders köstlich. Seit einigen Tagen hat die Hitze eingesetzt, so wie ich es gern habe. Jeden Morgen stürzen wir uns auf den »Messaggiero« mit dem deutschen Heeresbericht, um zu sehen, ob Berlin gebombt worden ist. Wie mag es Dir, mein Kind, wohl gehen? Leidest Du nicht unter Deiner Herkunft? Es muß drüben auch kein Honiglecken sein, zu leben in dieser Zeit. Die Menschen sind alle wie wahnsinnig geworden ...

13. 7. 1941

Mein Bube, mein Knabe, mein Kindi, mein geliebtes, heute ist bei uns Namenstagsessen. Gretel ist nach Hause gekommen und hat Namenstag. Größere Glücksfälle sind für den Tag vorgesehen, denn wir haben panierte Schnitzel mit heurigen Kartoffeln und Salat, eine Gemüsesuppe mit Parmesan à la Roma, und einen Wackelpudding aus dem bekömmlichen Pulver. Den überlasse ich aber neidlos den anderen, denn zittern tu ich selber vor der Zukunft. Was brauch' ich noch Zittriges zu fressen. Dann werden diese kleinen Zwergflascherl mit Champagner aufgemacht, die wir seit zwanzig Jahren liegen haben und die nurmehr nach Limonade schmecken. Aber sie gehören zum Anstoßen dazu, denn wir müßten sonst mit der Zunge anstoßen, und das ist nicht schön.

Heute bekam ich einen Filmantrag aus Berlin, den ich aber abgelehnt habe, weil ich das Klima momentan in Berlin nicht vertrage. Wenn es in Wien wäre, dann ja, denn in Wien ist das Klima momentan noch besser. Im September fahren wir nach Bad Aibling, um eine Moorbadkur zu machen, hoffentlich habe ich dann im Winter Ruhe und keine Schmerzen. Wir haben eine herrliche Schönwetterperiode, ein Tag strahlender wie der andere, es ist wie ein Märchen. Aber das Grab hät-

te ich mir nicht kaufen sollen, jetzt denke ich fort
ans Sterben und habe so eine Angst davor. Am
siebenten Juli waren es 30 Jahre, daß wir in unser
liebes Häuserl in Egern eingezogen sind. Mein
Gott, damals war ich 37 Jahre alt, da wußten wir
noch nichts von Krieg, und jeder Tag war ein Fe-
stesrausch. 30 Jahre, wo ist die Zeit hingekommen.
... Heute, an Gretels Namenstag, gehen wir nach
langer Zeit wieder einmal ins Bauerntheater, das
mir ziemlich widerwärtig geworden ist, mit seiner
falschen Sentimentalität und seinem angeblichen
Erdgeruch. *Vomitum est*. Das ist lateinisch und
heißt: zum Kotzen. Bei uns ist alles überfüllt mit
den mit Recht so beliebten Preußen und Sachsen,
die mit ihrer wohllautenden Stimme unsere Berge
erfreuen und uns alles wegfressen.

18. August 1941

Mein geliebter, lieber Bub, heute, an meinem Geburtstag wollte ich mit Dir reden. Denn ich hab'
solche Sehnsucht, und Dein liebes Kabel hat mich
noch mehr aufgewühlt. Es ist sechs Uhr abends.
Der Tag verging so schön und harmonisch. Morgens weckte mich Mami mit einem Kuß und dem
Klageorgiasmus, daß sie nichts für mich hat als einige Bücher, die wir zusammen ausgesucht haben.
Nachdem ich sie beruhigt hab' und versicherte, daß
es mir nicht auf das Geschenk, sondern mehr auf
die gute Behandlung ankommt, sah ich die Bücher
an, als ob ich keine Ahnung hätte, war begeistert,
wie sie das alles nach meinem Geschmack getroffen
hatte. An Geschenken bekam ich von Helga eine
Wurst, welche der Höhepunkt des Tages ist, von

Gretel zwei Bücher, die ich ihr vor einiger Zeit geschenkt habe und die ich auch schon habe, aber weil sie stinkfad sind, nie gelesen. Von Minne Zimmermann ein Pendel zum Auspendeln der Zukunft, etwas was absolut keinen Interessen meinerseits begegnet und das sich Gretel sofort ausbat und ich es ihr, statt es wegzuschmeißen, schenkte. Und sonst nichts. Ein wenig lukrativer Geburtstag. Aber etwas habe ich wieder und immer wieder bekommen, das ich mir für alle Schätze der Welt nicht kaufen kann: einen Strom von Liebe Deiner Mutter. Wir waren in der Kapelle zusammen, und sie hat festlich alle Lichter angezündet, wir haben uns bei den Händen gehalten und unserm Herrgott gedankt, daß er uns so beschützt hat und alles so schön für uns gemacht hat und daß Du ein so herrlicher, prachtvoller Bub geworden bist, daß Du wieder Arbeit hast und wir nicht um Dich zittern brauchen. Ich habe mich vor dem heutigen Tage sehr gefürchtet. Bedenke, in zwei Jahren werde ich siebzig. Bis jetzt hatte ich mir vorgemacht, daß die Sechziger ja gar kein Alter sind, aber bei siebzig ist jeder Zweifel, ein ganz greiser Greis zu sein, ausgeschlossen. Na, ich bin unschuldig daran, wie lange es eben noch dauern wird. Ich bitte nur den lieben Gott, daß wir uns noch wiedersehen und ich mein Haus bestellen kann, wenn Du da bist, und das Bewußtsein mit mir nehmen, daß alles in Ordnung ist und Du nicht zu kurz kommst, mein Kind. Dieser Gedanke verfolgt mich immer und immer wieder, ich werde keine Ruhe haben, bis Du da warst und alles weißt und kriegst.

26. August 1941

Mein geliebter Bub, Knabe, Broadwaystar und
Sohn, also wir sind in Aibling und sind sehr angenehm überrascht, wie nett und gut es hier ist. Vor
allem das Essen ist ausgezeichnet, wir waren am
ersten Tag ganz baff, wie gut es war, und ich habe
der Köchin das Heiraten versprochen und bekomme infolgedessen große Portionen, daß meine
Tischnachbarn zu mir herüberschielen und sich ärgern, was das Mahl für mich noch mehr würzt.
Wenn jemand nebenan einen Gizi hat, schmeckt es
mir immer besser, als wenn einer keinen Gizi hat
und es mir gönnt. Frühstück ist auch gut, der Kaffee ist zwar eine Errungenschaft der Chemie und
weit davon entfernt, Kaffee zu sein, aber die Bröt-
chen sind lecker, sie sind sogar arsch lecker. Nun zu
den Moorbädern, das ist eine grausliche Angelegenheit. Man grault sich, in diesen schwarzen Scheiß-
brei hineinzusteigen, und wenn man drin ist bis zum
Hals, kann man es nicht erwarten, bis man wieder
draußen ist. Die Bäder sind sehr anstrengend, ich
muß danach immer zwei Stunden im Bett liegen-
bleiben.

Auch sonst ist Aibling entzückend, ein Kurpark,
durch den die Mang fließt. Das ist der Ablauf vom
Tegernsee und der fließt in Rosenheim in den Inn,
und der Inn fließt bei Regensburg in die Donau,
und die Donau fließt ins Schwarze Meer. Und das
Schwarze Meer fließt ins Mittelmeer und fließt
durch Gibraltar in den Ozean, und von dort aus
geht's zu Dir, meinem Buben, nach New York. Gestern bekamen wir Deinen lieben Brief vom 10. und
haben uns sehr damit gefreut. Wir zittern nur, daß

Du Dich in USA ankaufst und nicht mehr nach Hause kommst, weil es Dich dahinziehen wird.

Kinderle, sei recht vorsichtig in Amerika. Zieh Dich nur recht zurück und paß auf mit dem Reden, daß man Dir, als Deutschem, keinen Strick drehen kann. Mache Augen und Ohren zu und lasse Dich nicht fortreißen, denn politisch Lied ist ein garstig Lied und gefährlich. Glaube mir, was könnt' ich Dir alles schreiben über diese herrliche große Zeit, in der wir leben. Wir, die deutsche Siegernation. Aber auch ich verkneife es mir und glaube andächtig alles, was man in den Zeitungen liest und was man am Radio hört. ...

Die Steuern scheinen bei Euch auch nicht ohne zu sein. Ach, wiedersehen und Bussi geben unserm Buben, unseren Buben bei uns haben, und alles zusammen beraten und leben. Leben, mein Gott im Himmel, wie sehnen wir uns nach Dir. Aber dann gehst Du nicht mehr weg. Da bleibst Du bei uns und malst und spielst Theater, rauchst meine Zigarren und hilfst uns beim Sterben. Denn wenn Du da bist, sterben wir auch nicht so bald. Jetzt habe ich nur so Angst davor, daß ich Dich nie mehr wiedersehe.

1942/43

3. Mai 1942

Mein geliebter, lieber Bub, heute vor 40 Jahren bist Du zur Welt gekommen. Mami und ich waren in der Kapelle und haben für Dich, Dein Wohlergehen und Dein Wiedersehen gebetet. Heute haben wir, Deinem Geburtstag zu Ehren, Hackbraten à la Nachtigallenzungenkonserve, gestreckt mit Brot. Als der Mann, der die Nachtigallenzungenkonserven gemacht hat, gefragt wurde, in welchem Verhältnis es mit Pferdefleisch gemengt wird, da meinte er: »Halb und halb. Eine Nachtigallenzunge und ein Pferd.« ...

... Mein Gott, wie sehnen wir uns nach Dir. Ich bekam heute leider die Nachricht, daß unsere Verbindung über die Schweiz abgebrochen werden muß. Du kannst Dir vorstellen, wie mir zumute ist. Vielleicht ist dieses der letzte Brief. ...

1. Mai 1943, Egern

Übervollen und schweren Herzens habe ich mich entschlossen, mich wenigstens im Brief mit Dir zu unterhalten. Obwohl ich weiß, daß Du diese Briefe nie bekommen wirst. Denn ich habe die Hoffnung auf ein Wiedersehen und ein erträgliches Leben schon ganz verloren. So will ich mir wenigstens mein Herz erleichtern, indem ich an Dich schreibe und mir vorgaukle, daß Du den Brief, d. h. die Briefe bekommen wirst. ... Solange ich noch mit Dir in Verbindung sein konnte, war es erträglich. Aber als Amerika in den Krieg eintrat, war es vorbei, und unser Leben wurde eine Qual. Grau in grau. Trotzdem es uns an nichts gebrach und uns niemand etwas zuleide tat, legte sich ein Schleier auf die Brust, der zum stählernen Panzer wurde, der einem das Atmen schwer macht. So vegetieren wir dahin und wissen nicht, was uns die Zukunft bringen wird. Wenn wir diesen Krieg verlieren, so ist damit auch unser Leben zu Ende. Und doch muß man hoffen, daß wir ihn verlieren. Der Haß, der in der ganzen Welt gegen unser Regime aufgestapelt ist, ist einfach so gigantisch, daß ich fürchte, daß das ganze Volk ausgerottet werden wird. Jedes Volk, das jetzt mit den Waffen niedergehalten wird, wird seine böseste Rache nehmen, und es wird ein Morden und Schlachten geben, wie es die Weltgeschichte noch nicht gesehen hat. Sollten die Bolschewiken die Herrschaft über Europa bekommen, ist alles aus. Da heißt es nur, schnell ein Ende machen, daß wir nur rechtzeitig in unsere Gruft kommen und nicht irgendwo auf einem Felde eingescharrt werden. Mamis und mein tägliches inbrünstiges Gebet ist, daß wir Dich noch einmal ans Herz drücken können. Gott gebe es! Am 18. August werde ich 70 Jahre alt, also viel Zeit haben wir nicht mehr. Aber der liebe Gott hat uns in unserem Leben so beschützt und alles zu unserem Heil gelenkt, daß ich immer noch Hoffnung habe, daß Du heimkommen wirst. Diesen Tag möchte ich noch erleben. Dann werde ich leichter sterben. Der liebe

Gott wird es sicher nicht zulassen, daß wir Dich
nicht mehr wiedersehen dürfen und alles, was ich
mir mit Mami erworben habe, fremde Leute bekommen. Denn Gretel will heiraten und Helga
auch, dann sind es zwei Fremde, die Dein Erbe
bekämen, und dieser Gedanke zerreißt mir das
Herz. In dieser schweren Zeit hat uns Gott beschützt. Schon, daß wir unser liebes Egern haben,
ist eine Gnade Gottes. Wir sind beide gesund, ich
hatte, wie ich Dir ja noch schreiben konnte, eine
schwere Krankheitszeit durchzumachen und habe
60 Pfund abgenommen. Mami, die Engelsgute, Liebe, hat auch furchtbar abgenommen und sieht sehr
schlecht aus. Aber sie ist gesund, was nach mehre-
ren gründlichen Untersuchungen festgestellt wurde. Es ist die fettlose und fleischlose Nahrung und
hauptsächlich diese würgende Angst und Sorge um
unsere Zukunft. Und die Trennung von Dir. Gott
gebe nur, daß Du, mein geliebtes Kind, nicht zum
Militär mußt. Immer, wenn Schiffe versenkt werden, schneidet es mir ins Herz, ob am Ende du da
drauf bist. Dann schnürt es mir die Kehle zu und
lähmt uns die Angst.

Aber ich glaube nicht, daß man Dich mit 41 Jahren noch einzieht. Die haben ja viel jüngere dort,
außerdem hoffen wir zu Gott, daß Du durch Deine
Verbindung Dich doch ein bissel davor schützen
kannst. Seit Weihnachten, wo wir zwei Kabel von
Dir hatten, haben wir keine Nachricht mehr, und
da wir mit M. in Zürich verkracht sind, auch keine
Möglichkeiten mehr, etwas zu unternehmen. Ich
glaube aber, wenn Du die Möglichkeit hattest, zu
kabeln, und wir eines bekamen, daß er es uns mit-
geteilt hätte. Es ist eigentlich solch ein Unsinn, daß

ich all das schreibe, aber es beruhigt mich und schafft mir die Illusion, mit Dir reden zu können.

Unsere Wohnung in Berlin haben wir verloren. All das viele Geld ist weg, aber das macht nichts. Geld ist zu ersetzen, und wenn mir Gott die Gnade schenkt, daß wir nach dem Krieg wieder irgendwo leben können, dann werden wir uns eine andere nehmen, wenn sie auch nicht so schön ist. Die Wohnung wurde durch Bomben so schwer beschädigt und daraufhin beschlagnahmt. Jetzt sind drei Familien drinnen. Ich bin nur froh, daß ich vor zwei Jahren die Möbel alle bis auf den letzten Nagel herbringen ließ, denn jetzt darf man beschlagnahmte Wohnungen nicht mehr ausräumen, sondern muß sie möbliert den Geschädigten überlassen. So sind die Möbel schön hier eingelagert und in Sicherheit für Euch, wenn wir sie nicht mehr benützen können. Auch bin ich froh, daß ich der Tante ihr Hab und Gut retten konnte und alles hier habe, denn wenn sie vielleicht nicht mehr heimkommen sollten, so ist dann alles für Euch gerettet, denn Ihr seid ja die Erben. Das wunderbare Porzellan, die schönen Bilder etc. Ich habe in der Weißach eine Doppelgarage und im Schloß eine einfache für die Möbel von Ernst gemietet. 76 Kisten Bücher sind beim Pfarrer, ca. 40 Kisten Porzellan im Gartenhaus gut aufgehoben, die ein großes Vermögen darstellen. Vielleicht schenkt uns der liebe Gott das Glück, und wir können Euch noch alles übergeben. Daß ich Ernsts Möbel und Hab und Gut retten konnte, ist der einzige Fall in ganz Deutschland. Ich habe ein Gnadengesuch an den Führer gemacht, das ihm Gretel in einer guten Stunde gab. Und er hat sofort den Auftrag gege-

ben, mir alles, auch das deponierte Geld, herauszu-
geben. Sonst ist den armen Menschen alles, aber
auch alles konfisziert worden und wurde freihändig
verkauft. Auch die Werte, die schon in den Hafen-
städten in Transitlagern der fremden europäischen
Länder deponiert waren, sind eingezogen, dadurch,
daß wir ganz Europa in Händen haben. Ich habe es
Ernst durch Münch mitteilen lassen, daß sie sich
freuen, daß es bei uns ist und nicht in fremde Hände kommt.

Wir machten uns erst Vorwürfe, daß wir von
Wien weg sind, aber auch das hat sich als günstig
für uns herausgestellt, denn von Wien, wo keine
Bombenangriffe waren, hätten wir die Möbel nicht
herbringen lassen. Und dort sind auch all die großen Wohnungen mit den Möbeln beschlagnahmt,
und da hätten wir alle unsere lieben Sachen verloren, die Betten, in denen ihr Kinder zur Welt gekommen seid, alles, alles . . .

Zu Mamis Geburtstag hatten wir so gehofft, daß
von Dir ein Kabel kommt, aber ich glaube, das wird
wohl nie mehr gehen. Die Lage ist ja durch Nord-
afrika sehr scharf, und da wird man den USA in die
Schweiz nichts durchlassen. Am Samstag, dem 30.
April, kam von mir ein im September 42 an Dich
gesandter Rot-Kreuz-Brief mit Deiner Antwort
vom 17. November zurück. Also hat diese eine
Korrespondenz ein Jahr und 20 Tage gedauert. So
zermürbend sind diese Nachrichtenlosigkeiten.
Doch bin ich und Mami froh, daß Du drüben in
menschlich voraussichtlicher Weise mehr in Sicherheit bist. Denn hier wird alles eingezogen, und an
der Front sind 50jährige und 51jährige kein Aus-
nahmefall. Gott gebe nur, daß Du nicht an die

Front mußt. Vielleicht, daß man Dich in einem Büro arbeiten läßt, na, das läßt sich ja verschmerzen. Gott gebe es.

Sonntag, 2. Mai 1943

Gestern hätte ich am liebsten noch stundenlang weitergeschrieben. Ich ärgere mich, daß ich mit diesem Brieftagebuch nicht schon früher begonnen habe, denn es schafft mir ein bißchen Frieden. Wenn ich schreibe, bilde ich mir ein, ich rede mit Dir, und da ist mir leichter. Allerdings, wenn ich dann aufhöre, bricht das Luftschloß zusammen. Du machst Dir, mein Kind, keine Vorstellungen, wie schwer es uns ums Herz ist, wenn wir den ganzen Tag von Dir reden und uns nach Dir sehnen und Angst haben, daß Du am Ende doch zum Militär mußt. Sonst können wir ja nicht klagen, es geht uns nichts ab. Das Essen ist sehr knapp, Fleisch kaum und besonders das Fehlen von Fett macht sich unangenehm bemerkbar, besonders bei Mami, die zu allem Überfluß nichts essen will und alles mir zuschiebt, wobei gestritten wird, daß die Fetzen fliegen. Mit Gewalt und mit Beim-Leben-Schwören, daß ich nichts berühre, wenn sie nicht ißt usw., dann geht's ein bissel mit Ach und Krach. Ich hatte im Jahre 1938, als ich von Amerika kam, 146 Kilo. Jetzt habe ich 105, fühle mich aber herrlich dabei und nehme gar nicht zu. Trotzdem ich viel Erdäpfel und Nudeln etc. esse. Das Bier ist auch sehr dünn, ich habe dem Braumeister in Tegernsee geschrieben: »Schicken Sie mir die Farbe, das Wasser habe ich selber.« Er war böse und meinte, es käme noch schlimmer. Denke Dir, seit zweieinhalb Jahren habe ich nicht eine Spur Zucker mehr, bin überhaupt noch nie so gesund gewesen. Nehme gar keine Medizinen mehr, habe nirgends Schmerzen und bin ein Fescher, mit einem allerdings uralten Gesicht.

... Du würdest Deutschland nicht wiedererkennen. München ist ein Trümmerhaufen zum Teil, Berlin ist entsetzlich mitgenommen, ganze Straßenzüge sind dem Erdboden gleichgemacht, Tausende Menschen verschüttet und ums Leben gekommen. Jeden Morgen rufe ich mit Herzklopfen Gretel in Berlin an, bin selig, wenn ich ihre Stimme höre, daß sie noch lebt. So vegetieren wir dahin, in steter Angst, ohne jeden Lichtblick. Jeder Tag bringt neue Quälereien, Unannehmlichkeiten und Sorgen. Ich sitze da und schleppe den Tag mit Patiencen tot, habe keine Konzentration, etwas Gutes zu lesen oder mich sonst mit etwas zu beschäftigen ...

29. 5. 1943

... Die allgemeine Stimmung ist katastrophal, alle Menschen schimpfen und kümmern sich nicht mehr darum, ob sie die Gestapo verhaftet oder nicht. Ich gehe nicht aus dem Hause, denn ich möchte gerne mit Mami in meinem Bett sterben und nicht von den braunen Kanaillen erschlagen werden. Es gibt einen hohen Prozentsatz von Menschen, die förmlich eine Niederlage herbeisehnen, um dieses Regime nur loszuwerden. ...

Maxl Taussig ist tot. Mit dem hatten wir große Aufregungen. Gretel rief von Berlin an, daß man Maxi verhaftet hat und alle meine Korrespondenz seit dreißig Jahren mit ihm vorgefunden hat. Es waren auch einige Postkarten und Grüße von ihr dabei. Sie wurde aufs Ministerium zitiert, und da lag ein Berg Briefe, den die Gestapo ans Propagandaministerium abgegeben hatte. Sie hätte sollen aus der Oper herausgeworfen werden, und ich wäre im Film verboten worden. Da schrieb sie an Goebbels und sagte ihm, daß ich schon 35 Jahre mit Maxl befreundet war und er ins Haus kam, als Ihr noch klein wart, und daß sie gar nicht gewußt hat, daß er ein Jud ist. Nun, die Sache wurde so beigelegt. Ich habe mich wegen Gretel maßlos aufgeregt; mir wäre es ja nicht angenehm gewesen, verboten zu sein, aber schließlich könnte ich ja auch ohne Film weiterleben. Man hat mich verwarnt, mit Juden irgendeinen Verkehr zu pflegen.

Als ich zum Münchhausen-Film in Berlin war, stand ich an der Haltestelle und wartete auf die Elektrische. Da kam ein riesenlanger, völlig abgezehrter Riese, er sah direkt gespenstisch aus; es war der Schwind, Dein Freund. Ich bin rasend erschrocken, er war kaum zu erkennen. Ich fragte ihn, ob er leidend sei, da sagte er, jetzt vielleicht ja, bis vor vier Monaten, als er von der Gestapo ins Gefängnis gebracht wurde, war er es noch nicht. Er hat einen Freund Löwenstein, der sich schämte, mit dem gelben Stern zu gehen, besucht und ihm Essen gebracht. Da hat ihn der Portier des Hauses denunziert, die Gestapo hat ihm aufgelauert, ihn, als er kam, festgenommen, abgeführt und ohne jede Grundangabe vier Monate im Gefängnis gehalten. Freunde haben sich seiner angenommen, aber es nutzte nichts; man bekommt eher einen Raubmörder frei, als daß man einem helfen kann, der mit Juden befreundet ist und sie aus Mitleid besucht und ihr entsetzlich hartes Los ein bißchen zu er-

leichtern versucht. Mitleid ist strafbar geworden.
Weh dem, der ein gutes, warmes Herz hat. Das sind
Auswüchse, die einem jeden Menschen an die Nie-
ren gehen und einen Haß zeugen, der diese Wün-
sche nach Verlust des Krieges nährt. Auf jedes De-
likt ist Todesstrafe und wieder Todesstrafe. Alle
Verordnungen sind in einem Ton abgefaßt, daß jeder sich frei fühlen wollende Mensch mit den Zäh-
nen knirscht. Einer beißt den andern. In den Ämtern wird das Publikum wie Schuhfetzen behandelt,
und jeder kleine Hitler spielt sich als Macht auf und
will Furcht einflößen. Furcht und Angst, ständige
Angst ist die Basis, auf der wir leben. Jedes Wort,
jede Denunziation, ob sie nun wahr ist oder nicht,
kann einen in tiefstes Unglück stürzen. Daß das
einmal zur Entladung kommen muß, befürchte ich
sehr. Die Menschen, bis zu den primitivsten hinun-
ter, sind geladen und angewidert von all dem, was
ihnen geschieht. Das nimmt derartige Dimensionen
an, daß einem angst und bange wird. Aber was
nützt all das Denken und Vorsichtigsein, man muß
halt ruhig bleiben und abwarten und tragen, was
kommt. Also ich will auf Gott vertrauen und fest
daran glauben, daß wir uns wiedersehen und ich
Dir hier zu Hause die Briefe selber geben kann. Ich
lese jetzt wieder sehr viel, aber nurmehr Klassiker,
unter Mamis Anleitung versuche ich die Lücken
meiner doch sehr spärlichen Bildung im Alter auf-
zufüllen.

25. 7. 1943

... Seit dem 15. haben wir Gretel und ihren Bräu-
tigam da, den Peter. Er drängt zum Heiraten...
Wir erwarten einen warmen Winter. Unsere

neue Köchin ist absolut unmöglich, sie kann gar nichts, auch nicht das Primitivste. Peter und ich kochen. Rosa ist auf Urlaub am Semmering bei ihrer Tochter, die heute heiratet, sie kommt übermorgen wieder. Frau Toni aus Wien ist gottlob da, sie ist brav und tüchtig und arbeitet wie ein Roß. Mami hat die Sorge um die Verpflegung, die bei so einem Menschenauflauf nicht leicht ist. Man kriegt ja nichts zu kaufen, und es ist immer ein Wunder, wenn so eine Mahlzeit doch auf den Tisch kommt. Gretel hat sich alles Wertvolle aus ihrer Wohnung hergebracht. Unser Haus ist ein Möbellager. In drei Garagen und beim Pfarrer sind 140 Kisten mit Büchern etc., das kostet jeden Monat ein Vermögen. Höß ist kein Gasthof mehr, alles Lazarette: Höß, Bachmair, Post, Käfer, in Tegernsee auch. Alles mit Kinderheimen und Bombengeschädigten überfüllt.

18. 9. 1943

Das ist heute ein Freudentag. Soeben bekamen wir Deinen ersten Kreuzbrief, allerdings vom 11. Mai, aber doch eine Nachricht. Denn seit dem Heiligen Abend vorigen Jahres hatten wir kein Lebenszeichen von Dir. Wenn es auch schon vier Monate her sind, seit der Brief, sagen wir, das Telegramm, geschrieben wurde, so wissen wir doch, daß Du im Mai noch nicht beim Militär warst und mit Gottes Hilfe nicht dazu mußt. Es wäre, abgesehen von allem, auch eine schwere seelische Belastung für Dich, gegen Deine eigenen Landsleute kämpfen zu müssen. Gottlob, daß Du gesund bist und viel Arbeit hast. Daß Du Dich bald verheiraten willst, hat uns auch freudig überrascht, vielleicht bist Du es

jetzt schon, während ich diesen Brief schreibe. Gott
gebe, daß es die Richtige ist und Du Dir ein glückli-
ches Heim schaffen kannst. Die englische Sprache
ist so nüchtern und so wenig innig, wie wir es gewohnt sind, da klingt alles so kalt. Z. B. *longing to
see you,* wie ledern klingt das, gegen: große Sehnsucht, Euch wiederzusehen. . . .

Was machst Du, mein Kind? Wohl arbeiten. Du
schreibst, Du bist *very busy.* Filmst Du, spielst Du
Theater, schreibst Du Filme? Ach, so einen Zau-
berteppich wie der Faust haben und rüberfliegen zu
Dir und sehen, wie es Dir geht, was Du machst und
mit Dir das Glück unseres Wiedersehens erleben!
Wirst Du noch unser alter lieber Bub sein wie immer? Wir sitzen hier und warten. Warten auf den
Keulenschlag, den das Schicksal für uns bereithält,
bis er niederfällt. Kind, wenn wir nur wüßten, wer
Deine Braut ist, wie Du sie kennenlerntest. Hast
Du genug, um zu heiraten? Hast Du Dir diese Farm
gekauft, seinerzeit? Mami sieht sehr schlecht aus,
das macht mich sehr traurig.

30. 12. 1943

Das war ein Weihnachtsgeschenk, wie wir es uns
nicht schöner vorstellen konnten, die Nachricht, die
von Dir über Madrid kam. Am 25. mittags kam
Deine Depesche, Du kannst Dir unsere Seligkeit
vorstellen. Ich stürzte gleich hinauf zu Mami, und
da haben wir beide geheult vor Freude. Denke Dir,
seit 11. Mai keine Zeile. Wenn Du durch das Rote
Kreuz geschrieben hättest, hätte ich doch wenigstens jeden Monat einen Brief gehabt, wenn auch
einen alten, aber doch einen Brief. So grübelte ich,

was da los sein mag, sah Dich in Afrika oder irgendwo im Atlantik auf dem Meeresgrund. Madrid telegrafierte, daß Du erfolgreich filmst, sonst nichts, versprach aber einen Brief. Hoffentlich schreibt er Deinen Brief ab oder Dein Kabel, ich weiß nicht, was es war.

Bei uns ist jetzt alles so fabelhaft durchorganisiert, daß man die Eingeweide jedes einzelnen registriert hat und sie ihm im Bedarfsfalle wegnehmen kann. Der schwerste Wermutskelch, der mich treffen kann und den der liebe Gott abwenden möge, ist Mamis Erkrankung. Sie hat in der letzten Zeit einen so aufgetriebenen Bauch und geschwollene Füße bekommen. Weinzierl sagt, daß das Stauungen von einem leichten Herzklappenfehler sind, und gab ihr Mittel zum Entwässern, die nicht wirken. Da ließ ich einen Spezialisten kommen; der stellte eine Ziste fest, eine gutartige Neubildung, die alles verdrängt und auf die Organe drückt und diese Kreislaufstörungen und das Husten bewirkt. Jetzt kommt nochmals eine genaue Untersuchung, und es ist vielleicht eine Operation notwendig. Das ist anscheinend schon viele Jahre her der Grund, daß sie immer so schlecht aussah. Es ist allerdings das Schwerste, was mich treffen kann, und ich werde erst aufatmen, wenn diese Sache behoben ist.

1944

21. Februar 1944

Am 14., dem Tage vor unserem 44. Hochzeitstag, bekam ich von Orloff aus Madrid ein Telegramm, daß Du geschrieben hast, am 10. Oktober heiratetest und viel Geld verdienst. Ein Gutsbesitzer mit *horses and chickens* bist. Es war ein Lichtblick in der allertrübsten Zeit meines Lebens. Ein Hochzeitsgeschenk für Mami und mich, wie wir es uns nicht schöner hätten denken können. Wenn die Mami nur gesund wäre und ich nicht so um sie zittern müßte, wäre das ein Jubeltag geworden.

Also diese Sorge um Dich, mein Kind, haben wir wenigstens nicht mehr. Unsere Angst war, daß Du beim Militär bist. Daß Du geheiratet hast, mein geliebter Bub, beglückt uns sehr. Hoffentlich hast Du das Rechte getroffen und eine recht gute, brave Frau bekommen, die Dich glücklich macht. Wir mußten sehr lachen, daß Schlesingers sich infolge der unentwegten Turniere jung erhalten haben, daß Ernst Dein Trauzeuge war und alle unsere alten Freunde bei der Hochzeit waren. Ob die Jeritza auch dabei war? Wir sind sehr glücklich, daß Du so in den Film hineingekommen bist und so gut verdienst.

Dr. Weinzierl sagte mir am Samstag, daß Mami an der Leber erkrankt ist und daß sie nie mehr

gesund werden wird. Du kannst Dir denken, was
das für mich bedeutet, aber ich glaube es nicht. Der
liebe Gott wird uns helfen und wird sie bestimmt
gesund machen. Das ist mein zäher und fester
Glaube. Dr. Weinzierl hat sich schon so oft wider-
sprochen, der gute Mann weiß halt selber nichts.
Ärzte sind großartig, aber wenn man ernstlich
krank ist, versagen sie. Das war damals auch so bei
mir in Wien, wo sie mir schon die Drüsen heraus-
schneiden wollten, was Professor Hirsch nicht zu-
gab und den Professor Pichler holte, der mich dann
rettete. Das wird auch bei Mami so sein. Ich bete zu
Gott um seine Hilfe, die er mir nie versagte. Unser
Leben war ein schöner Traum, so wird unser Ende
auch, wie wir es seit 44 Jahren ersehnen, zusammen
sein. Gestern hatte Mami einen sehr guten Tag, war
bis zum Einschlafen frisch und agil, die Augen waren auch sehr frisch, so daß ich selig war.

Wie froh sind wir, mein Kind, daß Du nicht hier
bist. Da wärst Du sicher schon im Osten, Westen,
Norden oder Süden diesem Krieg zum Opfer gefallen. Wenn einmal dieses Morden und Zerstören zu
Ende ist, wird unser erster Weg mit dem Auto nach
Birkenstein zu Deiner Mutter Gottes sein, und
dann fahren wir nach Mariahilf zu der meinen, und
danken, daß wir so beschützt wurden.

16. 3. 1944

Die schwersten Wochen meines Lebens erlebe ich.
Am Samstag, dem elften, waren der bedeutende
Internist Professor Bauer mit Weinzierl bei Mami
zum Konsilium. Sie wurde gründlich untersucht,
dann zogen sich die Ärzte zurück und riefen mich

dann dazu. Der Professor sagte, die Lage sei sehr
ernst und ich müsse mich auf alles gefaßt machen.
Mir blieb der Atem stehen, und ich meinte, die
Erde verschlinge mich. Da sagte er: Also hoff-
nungslos ist ja die Sache nicht, aber sehr ernst. Du
kannst dir denken, in welcher seelischen Verfassung ich bin. Ich gehe den ganzen Tag wie ein Er-
schlagener herum und bete zum lieben Gott, daß er
mir meinen Abgott wieder gesund macht.

30. 5. 1944

Zerbrochen an Leib und Seele schreibe ich an
Dich. Unsere Mami ist tot. Kannst Du das fassen?
Mein Kind, mein geliebtes, Du wirst es vielleicht
erst nach Jahren erfahren; ich will es Dich nicht
schnell wissen lassen, wozu. Helfen kannst Du
nicht, so sollst Du es so spät wie möglich erfahren,
daß unser Einundalles nicht mehr ist. Sie war sehr
krank. Erst als sie gestorben war, hat man mir gesagt, daß sie Leberzersetzung hatte. Eine Krankheit, die einfach unheilbar ist.

Immer wieder ging es auf und nieder. Jedes Lä-
cheln, jede leichtere Besserung wurde mit hoff-
nungsfreudigem Gebete aufgenommen. Für jeden
Bissen, den sie aß, dankten wir Gott. Sie war so
rührend wie ihr ganzes Leben, wollte es nicht merken lassen, damit ich mich nicht alteriere. Und sagte: »Leoschi, reg' Dich nicht auf, es geht sehr gut«,
und sie hat gewußt, daß sie sterben muß, hat es dem
Pfarrer gesagt. In diesen sechs Monaten bin ich den
ganzen Tag vor unserem Herrgott und der Mutter
Gottes auf den Knien gelegen und habe geschrien:
»Laß mir mein Weib, nimm ein anderes Opfer von

mir.« Unser ganzes Leben haben wir beide zusammen gebetet: »Lieber Gott, laß uns zusammen sterben.« Jetzt bin ich allein und habe diese furchtbare Last zu tragen. Gott gebe, daß ich zusammenbreche und ihr bald, bald folgen kann. Was hat mein Leben jetzt noch für einen Sinn? Ich bin 71 Jahre alt, bin ohne Mami, die die Luft war, die ich zum Atmen brauchte. Sie starb wie eine Heilige.

Ich bat um die Bewilligung, daß sie in unserer Kapelle, die ich ja für sie gebaut habe und die die Elisabeth-Kapelle ist, aufgebahrt werden darf, damit man sie nicht in das unsagbar traurige und nüchterne Leichenhaus bringt. Das hat man mir bewilligt. So hatte ich sie noch drei Tage bei mir, setzte mich zu ihr und sah in ihr verklärtes Gesicht. So friedlich, so unsagbar gütig im Ausdruck, als ob sie sagen wollte: »Kränk Dich nicht, mein Leo, ich hol' Dich bald, und ich bin glücklich.« Als wir getraut wurden, war ein trüber Februartag. Es war ein Schneesturm, bitterkalt, und schwere Wolken standen am Himmel. Als wir an den Traualtar traten, da trat die Sonne hervor und schien nur auf uns zwei. Wir waren beide in Sonnenschein getaucht. Als sie starb, schien die Sonne wie damals, und es ist seit dem Tage strahlend schön. Alles blüht im Garten, so schön war es noch nie wie diese letzten Tage. Als ob die Natur es ihr recht schön machen wollte. Nachmittags mußte der Sarg geschlossen werden. Ich blieb vorher noch mit ihr allein, dann mit Gretel, und wir nahmen endgültig Abschied von dem geliebten Gesicht. Ich kann nicht mehr weinen und kann nicht mehr beten.

31. Mai 1944

Ich komme soeben vom letzten schwersten Gang,
auf dem ich meine Liesi begleitete. Man redete mir
zu, daheim zu bleiben, aber wie kann ich das. Das
ganze Leben sind wir zusammen gegangen, den
letzten schwersten Weg soll ich sie alleine lassen?
Um halb acht stand ich auf, zog mich an, um halb
neun kamen die Trauergäste und gingen zur Kapelle. Ich zeigte mich nicht, weil diese banale Beileids-
sache mich anwidert. Um neun ging ich dann hin,
man hat sie auf den Leichenwagen gegeben, und
der Zug begann bis zum Friedhof. Dann wurde sie
in unsere Gruft getragen, die ich vor drei Jahren
kaufte, ganz verdeckt, im Eck der alten Kapelle.
  Sie wurde eingesegnet, dann ist man in die Kirche gegangen zum Requiem, hat aus Rücksicht für
mich die Mami nicht heruntergelassen. Nach dem
Requiem gingen wir aufs Grab, da war sie schon
unten, so daß mir das In-die-Grube-Lassen erspart
geblieben ist. Dann setzte man mich auf einen Ses-
sel zum Kondolieren; das machte ich aber gar nicht
mit, sondern stand auf und ging mit Gretel und
Peter nach Hause und war froh, als ich wieder alleine war und meinen Gefühlen Luft machen konnte.
Jetzt ist es überstanden, das Schwerste ist darum so
schwer, weil es vor aller Öffentlichkeit ist, wo einen
jeder angafft und neugierig ist, wie das ist, wenn
einem das Herz bricht. Aber ich habe mich zusam-
mengenommen, habe nur auf den Fußboden ge-
starrt und nichts um mich herum gehört und gesehen. Dieses Beileidsgestammel ist ja nur eine abge-
griffene Phrasendrescherei, die einem nur weh tut.
Der Pfarrer ist ein prachtvoller Mensch. Schon vor

Wochen hat er der Mami, ohne daß ich es wußte,
die Heiligen Sterbesakramente gegeben. Da hat sie
sich so erleichtert gefühlt. Rosa und die Schwester
haben sich fabelhaft benommen, besonders Rosa,
die hat sie gepflegt und war so lieb und gut zu ihr,
das werde ich ihr nie vergessen. Mein Kind, ich
weiß nicht, ob Du diesen Brief je bekommst, aber
ich habe es für Dich aufgeschrieben, damit Du
weißt, wie Deine süße Mutter gestorben ist. Was
aus mir wird, weiß ich nicht. Wie ich das tragen
werde, weiß ich nicht. Ich habe nur den einen
Wunsch, Dich noch zu umarmen und ihr dann zu
folgen. Gott schütze Dich, mein geliebtes Kind, ich
küsse Dich in namenloser Trauer und wehem
Herzen,

Dein armer Papa

1945

30. Januar 1945

Ich bekam heute aus Stockholm von Frl. Scharloch eine Nachricht von Dir, wo Du lieber Kerl sagst, daß ein Zimmer auf mich wartet und Du willst, daß ich zu Dir komme. Kinderle, das kann ich nicht. Ich will hier sterben und neben der Mami liegen. Ich werde jetzt 72, und da ist es nicht sicher, ob ich nicht jeden Tag abberufen werden kann. Heute bin ich schon so weit, daß ich Mamis Heimgang als Glück empfinde, daß sie das alles an Angst und Sorgen nicht mitmachen muß. Fast jeden Tag fliegen 500 bis 600 Bomber über uns mit ihrem unheimlichen Donnern nach München, um die letzten Reste, die noch da sind, zu erledigen; zu 80 Prozent ist München schon zerstört. Es existieren keine Bahnhöfe, kein Hotel, die Frauenkirche und die ganze innere Stadt ist in Trümmern. Es gibt keine Elektrische; Schutt und Asche ist jede deutsche Stadt geworden. Wien hat auch schon grauenvoll gelitten. Jetzt sind die Russen 112 Kilometer von Berlin. Die Städte Breslau und Königsberg sind zu Festungen erklärt. Die werden restlos zerstört, so daß nicht ein Stein auf dem andern bleibt. Wenn Du, mein Kind, zu uns kommst, fürchte ich, wirst Du schnell wieder weg wollen, in Dein schönes, unversehrtes Land. Wenn ich meine Liesi nicht hätte, würde ich gleich zu Dir fahren und bei Dir bleiben. Aber so muß ich ja bleiben, um hier zu sterben, bei ihr, neben ihr liegen am Friedhof. Der einzige Grund, den ich habe, noch auf dieser Welt zu bleiben, ist, daß ich Dich ans Herz drücken will und daß Du nicht ins leere Elternhaus kommen mußt.

Daß Du dem Frl. Scharloch nach Stockholm geschrieben hast, daß Du Dir ein schönes Haus in Hollywood gekauft hast, neben dem Gut in Pennsylvania, macht uns froh und glücklich. Hoffentlich bleibt alles so schön und gut...

7. April 1945

Lange Zeit ist es wieder her, daß ich nicht mehr geschrieben habe. Es geht zu Ende. Ein Zusammenbruch, wie er in der Weltgeschichte noch nie da war. Und dabei werden wir noch immer mit dem Endsieg zum Narren gehalten. Die Russen sind in Wien, vor Berlin, die Amerikaner schießen in Deutschland vor, wir haben nichts mehr zu essen und stehen immer vor dem Endsieg. Jeden Tag werden am Radio Heldentaten von Vierzehn-, Fünfzehnjährigen gemeldet. Es ist eine Schmach und mit diesen Kindern soll dann der Endsieg kommen. Alles geht in Fransen. Wien, unser schönes, herrliches Wien ist ein Trümmerhaufen, die Oper eine Brandruine, auch der Heinrichshof; nur nackte, verkohlte Mauern, wo wir einst so glücklich waren. War das eine Gnade Gottes, daß ich mich im März 38 so schnell entschloß, Wien zu verlassen! Ein eigenes Gefühl des Ekels über so etwas Besudeltes hatte ich damals. Wien war mir durch das

Geschehen so verekelt, daß ich die Stunde nicht erwarten konnte, bis ich draußen war. Die Wiener haben sich, als die Nazis kamen, noch gräßlicher benommen als die Deutschen. Als Hitler einzog und die Glocken läuteten, sagte ich zur Mami: »Es sind unsere Totenglocken.« Und sie waren es im wahrsten Sinne des Wortes. Wien ist tot, vom Erdboden weggefegt, ein Trümmermeer wie ganz Deutschland. Damit diese braunen Hunde sich noch acht Tage länger an der Macht halten, werden Tausende junger Kinder in den Tod gejagt. Und wenn man nur mit der Wimper zuckt, wird man gehenkt oder erschossen. Es ist ein grauenvoller Blutterror, der seine Peitsche schwingt. Und das alles im 20. Jahrhundert. Jetzt werden Lausbuben aufgestachelt, zum Werwolf zu gehen, die aus dem Hinterhalt die Amerikaner und Engländer einfach morden ... Man sagt uns täglich am Radio, man will die Deutschen ausrotten. Dabei rotten *die* uns aus, knallen alles um sich herum nieder, was nur einen Hauch von Opposition gegen diesen Irrsinn zeigt. Und alles sinnlos, ohne jeden Grund! Denn diesen Krieg können wir gar nicht mehr gewinnen. Als ich hörte, daß unsere Oper nicht mehr ist, habe ich bitterlich geweint. Unsere Oper, wo ich glücklich war, ein Trümmerhaufen, geborsten, ausgebrannt, in sich zusammengestürzt. Paul Hörbiger, Willy Fritsch, Jakobi, Marika Rökk sind zum Tode verurteilt. Ob sie schon justifiziert sind, weiß man noch nicht. Man hat ja keine Verbindung mehr. Einen Brief schreiben, hat keinen Sinn. Die Rente ist hin, meine Pension bekam ich noch diesen Monat, aber inzwischen ist ja Wien in russischen Händen, da werden sie keine Pension mehr zahlen. Also von keiner Seite eine Einnahme, ich habe ein paar tausend Mark liegen, die sind schnell aufgebraucht, und dann ist es aus. Jetzt hat Hitler Befehl gegeben, alle Vorräte zu vernichten, damit sie dem Feind nicht in die Hände fallen. Die Bevölkerung stirbt vor Hunger, aber das ist ganz egal. Die wenigen Vorräte, die ich noch habe, sind bald aufgezehrt, was dann? Kartoffeln bekommt man keine, was wird dann? Dein Kommen als Amerikaner ist unsere Rettung, denn vor allem ist das Haus hier dann amerikanischer Besitz, da Du ja der Erbe bist. Und dann glaube ich, daß Du mit Empfehlungen von drüben kommst und uns vielleicht Erleichterung verschaffen kannst. Man weiß ja gar nichts. Wenn man unser Radio hört, so plündern, morden und schänden die Amerikaner wie die Russen. Aber was wird uns alles aufgetischt und wie unklug! Es glaubt ja sowieso kein Mensch mehr etwas. Man sieht das Schlottern der Angst von den Bonzen. . . . Jetzt ist die Vergeltung Gottes für die Judenquälerei und die bestialischen Ermordungen da.

Gesundheitlich bin ich gar nicht auf der Höhe, habe mit dem Herzen zu tun und Atemnot und eine Nierenstauung. Ob Du wohl kommen wirst, mein Bub, mir die Augen zudrücken? Ach, das wäre schön, wenn ich sterben könnte, solange Du da bist. Gott segne Dich, mein Kind, lieb hab ich Dich und Dein Weib und Dein Kind auch. Wie mag es wohl heißen? Tausend Bussi.

30. April 1945

Gestern hat die Bayerische Freiheitsbewegung die kampflose Übergabe Münchens erzwungen. Die

Amerikaner sind schon einmarschiert, jetzt erwarten wir eine Abordnung am Tegernsee. Gott sei Dank, der Krieg ist jetzt zu Ende, und die braune Pest ist vernichtet. Hitler ist gestern in den Armen Goebbels' gestorben. Welch ein unrühmliches Ende! Man macht dem deutschen Volke den Vorwurf, daß wir es gewollt haben, es duldeten und nicht dagegen revoltierten. Man vergißt, daß man seit der Machtübernahme 1933 in steter Angst und Furcht lebte, weil sie jeden, der sich nur die geringste Kritik erlaubte, entweder umgelegt, erschlagen oder in Konzentrationslager gesperrt haben. ...

17. 5. 1945

Also die Amerikaner sind sehr nett und anständig. Ein paar Rowdys waren ja dabei, aber in die Häuser sind sie nicht plündern gegangen. Auch wurde keine deutsche Frau berührt, wie man es uns immer ausmalte: daß sie den Leuten das Essen wegnehmen, die Frauen schänden, die Kinder morden. Sie haben so viel zu essen, daß sie der Bevölkerung großzügig abgeben. Es sind liebe, nette Menschen. Wir sind glücklich, daß wir gerade Amerikaner haben. Die Engländer sind anständig, aber sehr reserviert, die Franzosen sind voller Rache und demütigen die Bevölkerung und haben diese berüchtigten Senegalneger dabei, die im ersten Krieg im Rheinland eine Geißel waren. Na, und die Russen sind asiatische Tiere, die sich am Zerstören, Erschlagen, Morden und Plündern nicht genugtun können.

Als neulich ein paar Boys bei mir am Fenster waren, sagte ich ihnen, daß ich der Vater vom *motion picture actor* Walter Slezak bin. Da ging ihnen

gleich das Gesicht aus dem Leim, und sie sagten:
»*Oh, you're the father! What an honor! He is a very
big man, everybody knows him!*« Kurz, begeistert
waren sie alle! Ich glaube, wenn Du kommst, wirst
Du uns sehr helfen können.

19. 8. 45

Soeben kommt Lester und bringt Deinen lieben
Brief und die Fotos. Ich habe geheult wie ein
Schloßhund vor Freude und vor Sehnsucht. Mein
Gott im Himmel, ist das ein Glück, daß Du ein so
herrliches Familienleben hast: ein schönes, liebes
Weib, ein Kinderle, zum Wahnsinnigwerden süß.
Gott segne Dich. Ich bete jeden Tag, daß Du mit
Johanna recht, recht glücklich bist, daß Ihr Euch
liebhabt und ineinander aufgeht und so glücklich
werdet, wie ich es mit unserer heiligen Mami war.

Gestern, an meinem 72. Geburtstag, bekam ich
ein Kabel von Dir. Es war ein liebes, ein ersehntes
Geburtstagsgeschenk. Ich war selig und Gretel
auch. Dein Bild mit Johanna und dem süßen Kinderle steht auf meinem Schreibtisch. Mein Gott,
habe ich ein Glücksgefühl bei dem Gedanken, daß
Du eines Tages zur Tür hereinkommen wirst! Mein
Gesundheitszustand ist besser geworden, allerdings
bin ich ein trübseliges, greisenhaftes Knochengerüst geworden. Ich habe seit 24. Juni 45 Pfund verloren. Unsere O. lebt selbstverständlich noch, ist 93
und die Gesündeste von uns allen ...

Mein geliebter Bub, ich bin ganz durcheinander
vor Freude über Dein so schönes, liebes Frauerl,
Dein Kinderle und Dich. Gott erhalte Dir Dein
Glück und Deine Gesundheit.

Mein lieber, lieber Bub, ich umarme Dich und drücke Dich ans Herz, ebenso Johanna, die ich entzückend und so richtig finde, wie Du sie nach dem Vorbild unserer angebeteten Mami brauchst. Die kleine Ingrid ist ein Wunderkind, und die darf ich nicht ans Herz drücken, weil Du sie sonst als Hakkepeter zurückbekämst, die nehme ich ganz zart in die Arme und gebe ihr ein inniges Bussi aufs Kopferl. Ach, bei Euch sein, wenn ich könnte! Mit Euch reden, Euch alles sagen! Der Hasi lebt auch noch und wird von mir als Mamis Liebling sehr verwöhnt.

Euer glücklicher Papa

25. 8. 45

Soeben bringt mir F. Deinen lieben ersten direkten Brief. Kannst Dir denken, wie mir zumute ist. Was haben diese sechs Jahre seit dem Tage, wo wir in Degersheim Abschied nahmen, aus mir gemacht! Du schreibst so herzlich, so innig, bist mein lieber Bub geblieben. Aber was muß sich die liebe Johanna, die ich in mein Herz geschlossen habe, denken, was für einen trübseligen Wackelgreis sie als Schwiegervater hat. Und dem süßen Kind zeige nur junge Bilder von mir, daß sie den Eindruck gewinnt, daß ihr Ahne väterlicherseits ein Adonis ist!

Mir geht's Gott sei Dank etwas besser. Ich habe wenigstens diese Atembeschwerden nicht mehr, und der Arzt sagt, wenn ich mich halte, so werde ich wieder gesund werden. Also das ist wohl übertrieben, für mich ist ohne Mami kein Kraut gewachsen. ...

Ob ich, mein Kind, noch fähig sein werde, so eine

weite Reise zu Dir zu machen, glaube ich nicht,
trotzdem ich mich mit allen Fasern danach sehne,
Dich, Deine Frau und das Kind ans Herz zu drük-
ken und an Eurem Glück teilzunehmen und mich
daran zu erfreuen ...

19. September 1945

... Ich war gestern so glücklich über Deinen so
herzenswarmen Brief. Sei nur recht, recht sparsam.
Laßt Euch nichts abgehen, aber denke an die Zukunft. Man weiß nie, was eintreten kann. Nicht
sinnlos verschwenden, wie es die meisten Kollegen
machen, wenn sie groß verdienen, und dann
kommt's auf einmal anders, und man rauft sich die
Haare. Unsere Mami war ja so raffiniert, die hat
mir alles suggeriert, und wenn ich einmal eine
Dummheit machen wollte, hat sie mich gelassen,
und am nächsten Tag hat sie sanft gebohrt. Und
wenn es darauf auch noch nichts nützte, blinkte
eine Träne in ihrem guten Guckerl, und ich wurde
weich wie eine Eierspeise, und es geschah das, was
sie wollte. So soll es Deine Johanna auch machen.
Wenn ich bei Euch wäre, würde ich sie anlernen.
Sie würde es genauso genial machen wie unsere
Mami.

Kinderle, nie ohne einen liebevollen Gutenacht-
kuß einschlafen. Wenn Ihr streitet, daß die Fetzen
fliegen, bevor Ihr heidi geht, so sagst Du ihr: »Also
ich verzeih Dir.« Darauf wird sie wie Mami sagen:
»Du hast mir gar nichts zu verzeihen, ich verzeihe
dir.« Dann einigt Ihr Euch darauf, daß Ihr Euch
gegenseitig verzeiht, nehmt Euch um den Hals, ein
langes Bussi, dann sagt zusammen ein kleines Ge-

bet, wo Ihr dem lieben Herrgott für Euer Glück
dankt, und dann schlaft ein. Ich sehe Euch des
Morgens im Bett, zwischen Euch die kleine Ingi
oder Liesi, ich weiß nicht, wie Ihr sie nennt, und
Johanna wird ihr dann später – so wie Mami einmal
Euch – den Struwwelpeter vorlesen.

Wenn ich zu Euch käme, wäre es die größte
Freude für mich, auf den Fischmarkt zu gehen und
da zuzuschauen, dann möchte ich im Ozean
fischen, dann möchte ich wieder einmal mit unsern
Wiener Freunden so recht von Herzen jüdeln können, mit Witrowskis möchte ich wieder zusammen
sein, vor allem mit Reitlers. Ist der Josef Reitler
eigentlich auch noch drüben? Das war ein besonders lieber, feiner Mensch. Ach, mein Kinderle,
was möchte ich nicht alles gerne!

Weißt Du, im geheimen mache ich doch schon
ein bisserl Pläne, was ich bei Euch alles machen
werde: bei Dir im Garten Zitronen und Orangen
pflücken, auf das freue ich mich; dann wird mir
Deine Johanna alle wienerischen guten Sachen kochen, kann sie das denn überhaupt? Oder kocht sie
nur holländisch? Da werde ich fressen, und dann
wird mich der Schlag treffen, das wird fesch! Nein,
alles mit Maß, ich freue mich auf Hummer und
Fische mit Mayonnaise, mit wirklichem Öl und ech-
ten Eiern, ein paar Tropfen Zitrone hinein, das
kennt man hier gar nicht mehr. Seit Mussolini nicht
mehr ist, haben nur die amerikanischen Soldaten
Zitronen; und dann wirst Du mir ein Paprikahendl
mit Reis machen, ein Glaserl Bier, keinen Affen-
urin, wie wir ihn hier bekommen, sondern richtiges
Bier. Kein Tropfen Wein, kein Kognak, nichts ist
mehr da. ... Jetzt habe ich noch zwei Flaschen

Sekt, die werden getrunken, wenn Du kommst. An
Kleidern habe ich Überfluß, auch Stoffe sind noch
da, nur wäre ich froh, wenn Du mir einen Wolltuch-
schal, um die Schultern zuzudecken, bringen würdest, wie ihn die Mami um die Schultern hatte.

Mein Kinderle, ich muß langsam stoppen, sonst
liest Du die Briefe am Ende nicht mehr, weil sie zu
lang sind. Aber ich schreibe bald wieder, das kann
ich schon. Im Krankenhaus war ich zu matt dazu,
aber jetzt bin ich fesch und bin selig, wenn ich mit
Dir reden kann. Gestern gab ich einem Captain
zwei Briefe mit. Nun, geliebtes Kind, tausend Bussi, Johanna und Dir, den wundersamen süßen kleinen Affenwurm drücke ich vorsichtig an mein
Herz, um sie nicht zu zerbrechen. Ja, noch was, ich
bekomme keinen Abreißkalender. Du Armer mußt
so viel Geld ausgeben für mich. Ich hoffe, diesen
Brief bald anzubringen.

8. 10. 1945

... Nun habe ich von unserm Major auch ein Amt
bekommen, das ich mir auf Visitenkarten werde
drucken lassen, und zwar habe ich die Nummern
der Künstler und Künstlerinnen zu zensurieren, ob
sie nicht allzugroße Scheiße sind. Da war nebenan
bei der Polizei ein Unterhaltungsabend, da hat ein
keusches Mädchen sich ununterbrochen die Röcke
hinten aufgehoben und ihren Hintern gezeigt und
dann wieder vorne das Röckchen in die Höh' ge-
schupft und die Brüste aus dem Dekolleté heraus-
fallen lassen. Das soll ich vermeiden, obzwar es den
Soldaten gefallen zu haben scheint, was sie durch
ein johlendes Gebrülle zum Ausdruck brachten.

Ich habe geschrien, wie mir das Gretel vorgemacht hat, und Peter errötete beim bloßen Zuhören. Dann war eine »Sängerin«, die lispelte in sächsischem Englisch ein Liedchen von *roses*, die *in the garden bloomen;* da haben die Soldaten mjau, mjau gemacht, es soll grauenvoll gewesen sein, und das soll ich verhüten. Wie ich das machen werde, weiß ich nicht. Mir wird doch so ein armes Luder leid tun, die ja vielleicht um ihr Leben ringt, und ich werde, wie seinerzeit bei der Artistenprüfung in Wien, alles passieren lassen und um meine »Stellung« kommen. Ich glaube, wenn ich ein Theaterdirektor wäre, ich hätte ein Versorgungsheim von Unbegabten . . .

Bei dem Satz, daß Du ein Schwein schlachten lassen willst, ist mir das Wasser im Munde zusammengeronnen. Bei sowas noch einmal dabei sein können! Da waren bei einem sterbenden Onkel alle Erben versammelt und konnten es nicht mehr erwarten, daß der Alte die Augen schließt, haben sich schon alles eingeteilt, was sie sich nehmen werden und gestritten, da sagte der Sterbende: »Ach, Beinfleisch mit Schwammerlsauce möcht' ich noch einmal essen.« Da kriegt so ein besonders ungeduldiger Erbe eine Wut und schreit: »Jetzt wird ka Beinfleisch, ka Schwammerlsauce gegessen, jetzt wird gestorben.« Schon sehr alt. . . . Wie sagt Ihr eigentlich zu dem Kind? Ich kann doch nicht immer sagen: »das Kind«. Ich will es beim Namen nennen. Wieso Inge? Das ist doch ein nordischer Name aus den Ibsenstücken! Am schönsten wäre halt Hannerl oder Lieserl.

Soeben sagen die Kinder, daß der Polizeicaptain von nebenan weggekommen ist. Dieser Lümmel hat es nicht einmal für nötig befunden, uns adieu zu sagen, wo er so viele Stunden die Kinder angeödet hat. Ein ungehobelter Siouxindianer, ein Tomahawkfatzke, mir war er immer irgendwie unheimlich. Na, ich bin neugierig, wie der jetzige Kommandant sein wird. Man hat uns eingeladen, den Filmvorführungen beizuwohnen. Du hättest spielen sollen, also ich ließ mich hinüberradeln. Da waren dieselben Kriegsfilme, wie sie bei uns die Menschen damit gefüttert haben, nur haben die Soldaten amerikanische Uniformen gehabt und beim Kämpfen Kaugummi gememmelt.

Sonst komme ich ja fast gar nicht aus dem Hause, alles besorgen die Kinder, und besonders Gretel versteht es gut, mit allen umzugehen. Man respektiert mich besonders als alten Kracher und großen Sangesgoi der Metropolitan in NY. Dazu kommt mein verblüffend scheußliches Englisch, das ich mit einer Chuzbe spreche, welches mir sicher große Anerkennung schafft. Ich komme immer als der *old, sick father* ins Musikzimmer, radebreche ein bissel, und dann gehe ich wieder, werde abserviert, damit ich mich nicht anstrenge. Damit ist meine Rolle abgedreht. Als Spielhonorar bekomme ich einen Kuchen, werde ins Bett gesteckt, und dann kommt die ganze Gesellschaft zu meinem Bett, und da erzähle ich auf englisch die ältesten Kalauer, die aber bei den Amerikanern auf fruchtbaren Boden fallen, weil sie die meisten noch nicht kennen.

Egern, Donnerstag, 11. 10. 45

Ich habe das Bedürfnis, mich einmal unoffiziell mit Dir auszusprechen, denn in den Briefen, die ich den

Boys mitgebe, muß man sehr vorsichtig sein, weil man nicht weiß, ob sie sie nicht aufmachen und lesen oder sich von einem Kameraden übersetzen lassen. Also viele der Amerikaner haben uns alle sehr enttäuscht, sie reden, daß sie uns Freiheit und Ruhe bringen, wurden wie die Götter empfangen, mit Blumen überschüttet, und alle Hoffnung war auf ihre Großzügigkeit gesetzt. Einige sind aber in die Häuser eingedrungen und haben da in vandalischer Form die Menschen bedroht und ausgeraubt, sind nachts besoffen in die Häuser und haben Frauen vergewaltigt, was ja strenge verboten war. Aber was konnten die armen Menschen tun, den nächsten Tag zogen sie weiter nach Tirol, und die Beschwerden wurden von den betreffenden Ortskommandanten zur Kenntnis genommen, und damit war die Sache erledigt. Es wurde auch in einzelnen Fällen Ersatz gezahlt, und man hat sich entschuldigt, aber was nützt das? Jeden Tag erscheinen neue Verordnungen, die in der nächsten Woche widerrufen werden, wir haben fast keine Eisenbahnen, können nicht einmal im amerikanischen Gebiet Briefe schreiben, und es ist verboten, jemandem, der z. B. nach Frankfurt fährt, einen Brief mitzugeben. Ich habe, als die Amerikaner einmarschierten, keine Blumen aufs Haus gegeben, damit's nicht heimlich aussieht, damit unser Haus nicht beschlagnahmt wird, denn da kamen sie und sagten, in zwei Stunden muß das Haus verlassen sein, man darf nichts aus dem Haus mitnehmen, muß alles offenlassen, und man muß fortgehen und sehen, wo man unterkommt. Es war eine Panik, die Du Dir nicht vorstellen kannst. Jeden Tag haben wir gezittert, daß man kommt und uns herausjagt,

denn unser »Off Limit« haben wir erst später bekommen, als schon der große Heeresbann vorüber
war und eigentlich die Gefahr so ziemlich beseitigt.
Sie haben es hauptsächlich auf schöne Häuser mit
Bad und vielen Zimmern abgesehen gehabt, drum
habe ich ja das Haus so *pauvre* als möglich gelassen. Es ist so verwahrlost, daß Dir das Grauen ange-
hen wird; seit acht Jahren bekommen wir keinen
Handwerker mehr, alles fällt ab, die Farbe im Badezimmer, die Fensterladen, alles ist schäbig, und wer
weiß, wann man wieder alles reparieren lassen kann.
Nebenan das Tölzerhaus ist total baufällig, und der
Besitzer wird wohl in zehn Jahren noch nicht ans
Bauen denken können. Alles ist nur für den Amerikaner da, da werden einfach die Handwerker befohlen, und alles hat stehenzubleiben. Das ist ja selbstverständlich, wir sind ein besiegtes Volk, und was das
heißt, können wir ein Lied davon singen in jeder
Beziehung, wir sind ja dabei gottbegnadet, uns geht
nichts ab, ich habe angesucht, daß man mir mein
Telefon öffnet, damit ich, wenn mir schlecht wird
mit dem Herzen, das Krankenhaus und den Arzt
anrufen kann. In 24 Stunden wurde ich schon angerufen, daß mein Telefon frei ist, und so geht es uns
mit allem. Die Kinder erreichen fast alles, die maß-
gebenden Offiziere inklusiv des Majors, der der
Höchste in unserem Bezirk ist und alles zu ent-
scheiden hat, waren schon unsere Gäste. Gretel
und Peter verstehen es wunderbar, sie zu behandeln, ohne die windelweichen Besiegten zu beto-
nen. Sie fühlen sich alle sehr wohl bei uns, und
wenn wir was brauchen, telefoniere ich nach Miesbach, und es wird alles schnell bewilligt, was sonst
Wochen in Anspruch nimmt ...

Alle Parteigenossen werden aus ihren Stellungen fristlos ohne jede Entschädigung entlassen und wahllos, ob der Betreffende ein Nazi oder ein Mußnazi war, egal. Von ihnen allen sind mindestens 90 Prozent Mußnazi gewesen, z. B. der Maxl Bachmair, dessen Besitz ist seit 150 Jahren im Besitz der Familie, der ist alles, nur kein Nazi gewesen, hat sie gehaßt und den Tag herbeigesehnt, an dem wir von dieser braunen Pest erlöst werden. Er mußte Parteimitglied werden, weil man ihm sonst die Konzession genommen hätte, so geht es fast allen. Statt sich auf die notorischen Schädlinge zu beschränken, die sich irgendwie gemein hervorgetan haben, entläßt man alle in Bausch und Bogen. Jetzt ist im ganzen Tegernseer Tal nicht ein Arzt, der behandeln darf. Erst auf Vorstellung der Tegernseer Gemeinde und den Hinweis, welche entsetzliche Gefahr das bringt, hat Major Haupt auf seine eigene Faust gestattet, daß die Kranken noch zur Heilung zu Ende behandelt werden dürfen, aber keine neuen angenommen werden können. Er ist ja auch sicher dagegen, er ist ja ein sehr einsichtsvoller und toleranter Mensch, aber er hat seine Weisungen aus Frankfurt... Ich glaube, noch nie in der Geschichte hat die Nemesis ein Volk so schwer getroffen wie das deutsche, wegen einem kleinen Haufen Verbrecher, die die Gewalt zur Verfügung hatten.

Egern, Dienstag, 16. 10. 45

... Also am Sonntag rief mich ein Korporal Richter an aus München und teilte mir mit, daß er einen Brief und zwei Pakete für mich hat, also der Anfang ist gemacht, und morgen bringt ein Freund aus

Miesbach den Brief und die Pakete mit. Ich hoffe sehr stark, daß etwas Kaffee drinnen ist, das wäre günstig, »bikors« es schon große Sehnsucht in mir auslöst, einen Kaffee zu bekommen, den ich so lange schon entbehren muß. Sonntag waren unsere CIC-Boys bei uns und nahmen zwei wichtige Briefe an Dich mit, und morgen gebe ich diesen dem Freunde mit. Der ist bei der Militärregierung in Miesbach, der Adlatus von Major Haupt, unserem Kreisgouverneur, ein sehr lieber und gefälliger Mensch, er besorgt den Kindern alles, was sie brauchen. Ich brauche ja nichts für mich, ich will nur meine Ruhe haben und in mein einsames Leben eingesponnen sein und in meiner Liesi leben. Unsere O. ist seit einigen Tagen recht merkwürdig. Sie sagt, daß Mami ihr eine Vorladung zur Polizei gegeben hat, weil sie angeblich die Bella Dispecker geklagt hat, die sie beleidigt haben soll, ich soll, wenn es möglich ist, sie bewegen, die Klage zurückzuziehen, sie hat ja nichts gesagt, als »dö Bagage«. Es schneidet mir so ins Herz, wenn sie von Mami redet, sie hat ja keine Ahnung, daß sie gestorben ist, und frägt jeden Tag nach ihr, und das höre ich herunter in mein Zimmer, und da dreht sich mir das Herz im Leibe um. Ich mache mir solche Vorwürfe, ich habe mich so wenig um die O. gekümmert und war gar nicht gut zu ihr; habe sie oft 14 Tage gar nicht gesehen, hatte unklugerweise einen Groll in mir, daß sie so gesund ist und 93 Jahre und mein Lieserle so krank war und sterben mußte. Und das ist doch ein Wahnsinn, sie, die Arme, kann ja nichts dafür. Ich will noch leben und will Euch noch sehen, was aber vor eineinhalb Jahren wohl nicht der Fall sein kann, wie mir wieder am Sonntag die Boys

versichert haben. Aber dann – dann will ich jede
Viertelstunde auskosten und genießen, dankbar für
jede Minute sein, die ich bei Euch verleben darf.
Jedenfalls mache ich Pläne und sehne die Zeit her-
bei, und das ist bei meiner bereits mit dem Leben
abgeschlossenen Einstellung immerhin ein großer
Fortschritt, und der kam auf Deinen lieben Brief
vom 27. September, in dem Du mir so innig und
herzlich schreibst, daß Du mich lieb hast und alles
tun willst, um mir das Leben so schön als möglich
zu machen. Da bin ich trotz meinem Leid auf einmal reich geworden. ...

Für heute atá, am Samstag kommt Herr Richter
zu uns und übernachtet, da schreibe ich wieder
einen Brief und bestätige dann dankend, was ich
Gutes bekommen habe. Bei meinem Massel wird
statt Kaffee das Manikürezeug für Gretel drinnen
sein ...

Freitag, 19. 10. 45

Der gestrige Brief kann ohnehin erst morgen,
Samstag, dem Richter übergeben werden, da habe
ich nicht Ruhe, bis ich alles gesagt habe, was ich zu
sagen habe. Jeden Augenblick fällt mir was ein,
und wenn es zum Schreiben kommt, habe ich's vergessen. Das nennt man Versagen des Cerebralsy-
stems, oder zu deutsch, Anfang beginnender Ver-
blödung. Oft, direkt beim Reden, hört es plötzlich
auf, und ich weiß nicht, was ich noch sagen wollte.
Wenn wir Benzin bekommen, so fahren wir nach
Westerham, den Eckert besuchen, der dort in
einem Bauernhause im Austragstüberl lebt, der
wird uns vielleicht einen oder zwei Zentner Äpfel

verschaffen, die ich vor dem Einschlafen so gerne
habe. Unsere Obsternte war heuer eine lächerliche
Erscheinung, wir sind hier kein Obstland, sind zu
hoch, beinahe 800 Meter. Bei Euch muß ja diesbezüglich ein Eldorado sein, in jeder Beziehung; habe
ein Bild von Tante, wo ihr die Zitronen in den
Mund hineinhängen, und dann diese großen Obst-
kulturen, das werde ich mir alles ansehen mit dem
Hasi. Das alles wird mir Kaasi und die Tante zeigen, die haben ja, soviel ich weiß, auch ein kleines
Auto, vielleicht gehe ich jetzt hinein, ich bin ja das
Viertel geworden von dem, was ich war. Du machst
Dir von dem Knochengerüst keine Vorstellung.
Daß man mich, wie Thoma ins Gästebuch schrieb:
»fahngen und selchen« würde, davon kann jetzt
keine Rede mehr sein, jetzt hätte man nur Knochen
zu einer guten Suppe, ohne Fleisch. Wir sind auch
zu Barnabas von Gezy, dem Geiger, eingeladen,
der bei Westerham ein großes Gut hat und angeblich eine Sau schlachten will, was ich aber nicht
glaube. Denn man schlachtet jetzt keine Säue, seit
die Nazibonzen weg sind, da wurden sie noch für
sie geschlachtet, und wir bekamen 150 Gramm die
Woche und fast nie ein Schweinernes. Das ist jetzt
genauso, nur daß alles die Sieger bekommen, aber
das macht nichts, das sind alles Sachen, die vorübergehen und die unwichtig sind.

Als diese braunen Satane nach Wien kamen,
wurden alle höheren Beamten mit Deutschen er-
setzt, weil man uns Österreicher zu schlapp und zu
milde fand. Mit ihnen kamen auch die Frauen, die
sich da als Herrenvolk aufspielten, die aber, wenn
sie allzu deutsch wurden, am Naschmarkt unver-
mutet eines mit irgend etwas Hartem auf den Schä-

del bekamen und gedroschen wurden. Unsere Polizeimänner, die gerufen wurden, warteten erst immer ab, bis diese ihre Prügel hatten, und dann schritten sie ein, indem sie mit dem Finger drohten und sagten, daß das nicht sein dürfe, notierten die Namen der Naschmarktweiber, und als die Rettungsgesellschaft die Verwundeten wegführte, strichen sie die Namen wieder aus und bemerkten amtlich, daß das nicht wieder vorkommen dürfe.

So eine resolute Dame kam zum Fleischhauer und verlangte ein Kilo Schweinernes, er sagte: »Bitte die Marken, gnä' Frau.«

Da keifte sie empört: »Na hören Se mal, wir haben Sie aus dem Dreck herausgezogen, und nun verlangen Se Marken?«

»Wissens' was, gnä' Frau, hättens' uns im Dreck drinnen lassen, könntens' jetzt a ganze Sau haben.«

Mein Gott, war das ein Haß, zuerst konnten sie nicht genug plärren: »Wir danken unserm Führer«, und am 14. März war schon alles von der SS geraubt und nichts mehr da. Alles haben sie uns gestohlen und uns ratzekahl ausgeraubt. Und so ein Theater, das haben sie auch in Prag aufgeführt. Da sollte ich, als ich dort arbeitete, am Wenzelsplatz die SS unterstützen und Süppchen an die nebbich armen Prager austeilen, selbstverständlich war ich nicht ganz momentan und unpäßlich und habe mit Zittern im Tone abgesagt. Unberufen habe ich auch nie eine Rolle zu spielen bekommen, die irgendwie politisch angehaucht war, in einem sogenannten Film zur Belehrung der Volksgemeinschaft, immer nur meine Fiaker und alte, verblödete Trotteln in reinen Lustspielfilmen, so daß ich gar nicht in die Lage kam, mich irgendwie zu exponieren. Denn wehren konnte man sich dann nicht und wurde bei Ablehnung gleich als Hochverräter gebrandmarkt und als abschreckend für die braven Volksgenossen hingestellt.

Egern, Donnerstag, 25. 10. 45

... Ich schicke Lotte Lehmann auch recht viele Bussi. Es wird mir unvergeßlich bleiben, die Stelle im »Fidelio«, wo ich sage: »Meine Leonore, was hast du für mich getan.«

So unsagbar einfach und zu Herzen gehend war ihr: »Nichts, nichts, mein Florestan.«

Ach und alle ihre anderen Rollen, wo einem das Herz aufging, ihr liebes Wesen, ihre große Künstlerschaft, ihr Können und dabei so fidel. Erinnere sie an »Meistersinger« 11. Akt, wo ich ihr in der Laube die unanständigsten Witze erzählte und sie nicht wußte, wohin sie schauen soll, und Mami saß im Parkett indigniert und sagte nur: »Aber Leo!« ...

Egern, Sonntag, 28. 10. 1945

Das war gestern abend eine Freude, als unser Boy Difranza mit 13 Paketen ankam und sie alle im Schlafzimmer deponierte und man mich damit überraschte. Als ich schlafen ging, konnte ich sie nicht gleich auspacken, weil ja die Kinder und Ricco und die Grothes zum Bettcercle kamen; und erst um halb elf konnte ich alle Pakete hernehmen und im Bett auspacken und die Augen aufreißen, was es alles gibt – und mein Kaffee, mein Tee, meine Milch, mein Zucker und die Fischelach und die süßen Sachen und die vielen Zigaretten, 16 Packeln. Davon behielt ich mir 8, weil ich sie zum Bestechen des Fischers brauche und des Schreiners und des Schlossers, sonst teile ich alles mit den Kindern, bis auf die Wurst, Corned beef und Nürnberger Lebkuchen. Also es ist großes Freidi, und hatte ich heute morgen schon einen guten Kaffee mit viel Kaffee, nicht mit wenig, und die gute Büchsenmilch dazu. Leider haben wir keine Hefe zum Weißbrotbacken, und ich mußte das Schwarzbrot dazu essen, das einem wie Blei im Magen liegt, aber das macht nichts, es ist alles o.k. Tausend Dank, mein geliebtes Kind, und Dir, liebe Johanna, die Du auf einsamer Höhe stehst im Packelmachen. Du Arme, die Du ja eine große Hilfe an Ingilein hast, die sicher – nein, das ist blöd, die ist ja erst neun Monate alt, die kann noch nicht packen; also gebührt aller Dank und alles Lob Dir alleine und eventuell Walter, wenn er sich daran beteiligt hat.

Den allergrößten Jubel löste bei Gretel das Manikürezeug aus; was die aufgeführt hat, geht auf keine Kuhhaut. Das hat mich natürlich kalt gelassen, ich maniküre nicht mehr, ich beiße Nägel und habe für diese Maniküreexaltation keinerlei Verständnis, da sind mir die andern Sachen zum Fressen schon lieber.

Ich habe mich so, mein Kind, gefreut, als soeben, während ich den Brief an Dich schreibe, der Sergeant Harryson Deinen Brief bringt. Das sind zwei ereignisreiche Täg in meiner Beschaulichkeit, überhaupt was sich da getan hat, heute. Du kennst ja die ehemalige Lee Parry, die schöne Tochter vom Münchener Kabarettbesitzer Benz, die ist an einen Bankier Lottberg verheiratet und lebt in Gmund.

Die kam mit vier Jiddelen aus dem Gefangenenlager Pullach, die brachten mir Teepackeln und Schokolade, so liebe und gute Menschen, aus der Bowery in New York. Ich habe mich wieder einmal richtig ausjüdeln können, habe ihnen *jokes* erzählt, und sie haben mich beinahe so *funny* gefunden wie Dich, mein Kind, und das ist ein großes Lob. Du bist kolossal populär, und ich bin sehr stolz. Wenn wir in Hollywood zusammen spazierengehen werden, werde ich die Leute anhalten und werde sagen: »*I am the father.*« – Da werden sie sagen: »*Awfully glad. Is that so?*« – »*Yes!*« werde ich sagen, und dann werden wir unsere Promenade fortsetzen. Das wird fesch.

Jetzt gehe ich dann mit mir zu Rat, welche Fischelach ich zuerst aufmachen werde. Den Lobster kann ich erst essen, bis ich eine Mayonnaise machen kann, da bedarf man zu gebrauchen Öl und Eier – mindestens zwei Stück. Dann ist Thonno da, Salm, der ganze Mississippi rinnt mir im Munde zusammen vor Gusto, aber ich esse nur am Mittag, am Abend nicht, um fünf meinen Kaffee leer, ohne jedem, und dann nichts mehr, höchstens einen Apfel, als ich einen habe. Aber heuer haben wir keinen, weil das Obst in Baden, in der französischen Zone ist, die lassen nichts durch. Da müssen sich die Durchreisenden an der amerikanischen Zonengrenze den Finger in den Hals stecken und alles auskotzen, was sie in der französischen Zone gegessen haben. So gönnt einer dem andern alles, denn jetzt ist Frieden, und man bringt uns das Glück und das demokratische Heil. ...

Egern, Samstag, 3. November 1945

... Denke Dir den Zufall, vorgestern schrieb ich an
Professor Hirsch nach Boston, der mir einen langen, lieben und herzlichen Brief geschrieben hat:
»Walterle hat ein Wunderkind, das schon Blabla
sagen kann.« Wo kann das gleich ein zweites Kind!
Und in Deinem heutigen Brief steht fast dasselbe,
daß Kaasi ganz aufgeregt kam und sagte, daß Ingilein schon »Papa« und »alla alla« gesagt hat; wir
haben so gelacht. Mein Gott, mein Kinderle, Du
ahnst nicht, wie glücklich ich über Deine Ehe bin
und über Deine Wandlung, die Dir wie auch mir
Segen bringen wird. Klammert Euch aneinander,
verwöhnt Euch gegenseitig, man kann so einen En-
gel nicht genug verwöhnen und am frohesten macht
mich, daß Dein religiöses Gefühl jetzt in Deiner
Gnadenzeit so erwacht ist. Du wirst sehen, wie es
Dir Ruhe und Frieden und vor allem Harmonie zur
Arbeit geben wird.

Ich hätte nie im Leben ohne Mami das erreicht,
was ich erreichen durfte. Sie hat mir durch ihre
unwahrscheinliche Güte, Liebe und Zärtlichkeit
diese innige Harmonie geschaffen, die ein Künstler
braucht, um sich entwickeln zu können; denn Du
weißt ja, daß ich mich 34 Jahre auf dieser seltenen
Höhe gehalten habe, nur durch die rührende Für-
sorge und Anhalten zu steter ernster und gewissen-
hafter Arbeit, was ich alleine nie imstande gewesen
wäre. Mami hat durch ihre gütige Art alles erreicht,
um mich dahin zu bringen, wo es für mich nötig war
hinzukommen, und das wird Dein geliebtes Weib
genauso tun und sich in Deinen Beruf hineinleben,
daß Du alles mit ihr besprechen kannst, Deinen

Halt im Leben hast und Deine Freude und Dein
Leid an ihrem Herzen lachen und ausweinen
kannst. Wenn mir noch so schwer war, und ich habe
mir Mami auf den Schoß genommen, habe meinen
Kopf an ihr Herz gelegt, und sie ist mir durch die
Haare gestreichelt und hat mich beruhigt, bin ich
immer wie erlöst gewesen, und alles Leid und aller
Kummer hat seinen großen Stachel verloren. Alle
meine Lieder, die auf unsere Liebe und Zusam-
mensein Bezug hatten, habe ich doch immer für sie
gesungen, wie: »Es muß ein Wunderbares sein«.
Dieses Lied ist unser Leben geworden: »Vom ersten Kuß bis in den Tod, sich nur von Liebe sagen.«
Das habe ich ihr ins Ohr geflüstert, wie sie gestorben ist.

Egern, Mittwoch, 7. November 1945

Mein geliebtes Kinderle, liebste Kaasi und Allalal-
lawunderingilein, es ist schon wieder eine Ewigkeit
vergangen, daß ich nicht an meinen Knaben geschrieben habe; zwei volle Tage sind es, daß ich mir
Schweigen auferlegte, und damit ist genug der Enthaltsamkeit. Aus is, gar is, jetzt werd' geschrieben,
an den Sohn, der wo mein Kind is und der wo mir
gehört, indem daß ihn unsere Mami zur Welt gebracht hat. Drum! Das war die Einleitung und Mo-
tivierung, daß ich wieder schreiben derf. Am Samstag kommen voraussichtlich wieder Boys, und da
muß doch ein Brief fertig sein, sonst muß ich ha-
sten, und das mag ich nicht, ich will, wie es sich für
einen greisen Vater schickt, schön bedächtig und
gründlich mich ausleben und – ach was, genug mit
dem Gequatsche und stilisierten Scheißdreck; bist

mein Wälduli, ich habe Sehnsucht und möchte bei
Euch sein, Euch sehen und mich an Eurer Liebe
erfreuen. . . .

Weißt Du, mein Kind, daß Du der Sieger und Dein
Vater der Besiegte ist und ich, wenn Du es ver-
langst, vom Trottoir heruntergehen muß, wenn Du
kommst? Aber gelt, Du wirst das nicht machen, das
würde mich nämlich ärgern, und es wäre nicht ausgeschlossen, daß ich Dich einen dreckigen Lausbuben nennen und Dir ein Bussi geben würde. Ach,
Du ahnst nicht, was es heißt, ein besiegtes Volk zu
sein! Wir spüren es ja hier nicht, die Amerikaner
sind ja doch meistens nett, bis auf die rachsüchtigen
deutschen und Wiener Juden, die sich nicht genug
als Sieger tun können, allerdings mit Recht. Denn
ich habe gesehen, wie man sie sinnlos gequält und
gemartert hat, und ich glaube, wenn jemand unserer Mami das angetan hätte, schisse ich auf den
Kölner Dom, die Stefanskirche, den alten Steffl,
und hätte nur einen Gedanken: Rache und wieder
Rache. Aber es kam so, wie ich es Mami sagte: »Ich
fürchte die Vergeltung, weil sie Unschuldige treffen
wird.« Und sie trifft fast nur Unschuldige, denn
diese armseligen Menschen, die zur Partei gehen
mußten, weil sie sonst nichts zu fressen gehabt hätten und im Innern und wenn man mit ihnen alleine
war, Antinazis waren und Galle gespuckt haben,
wenn man sie nur erwähnte, die sind alle entlassen
und kämpfen um ihr Leben. Also ich helfe so gut
ich kann mit Erklärungen, bei Leuten, die ich gut
kenne und von denen ich weiß, daß sie sich nicht
aktiv betätigt haben, wie z. B. unser Dr. Fresenius.
Jetzt hat er die Bewilligung bekommen, bis zur
Klärung seiner Lage bei der Ärztekammer weiter

behandeln zu dürfen, weil niemand da ist, der etwas kann; lauter junge, unerfahrene Menschen, denen die Menschen unter den Händen sterben, wenn es ernst wird.

Ach, was wird alles herauskommen, wenn einmal die Post freigegeben ist. Die Hildebrand, die Du ja kennst, wurde in Prag von den Tschechen erschlagen. Das Gerücht, daß Hitler noch lebt, ist hartnäckig; man weiß auch nicht, wo der Schaub ist, das war sein Adlatus, der ihm als Kammerdiener diente, heute zum General der SS befördert wurde, und wenn er eine Wut auf ihn hatte, hat er ihn zum Gemeinen degradiert. Ein Affentheater war das Ganze, wenn es nicht so lebensgefährlich gewesen wäre, wäre es zum Lachen gewesen, wir wurden von einem Wahnsinnigen regiert.

Also wir waren im Krankenhaus, ich bin fast wasserfrei in der Lunge, rechts ein bissel und links ganz frei; auch der Herzmuskel hat sich zusehends gekräftigt, so daß ich annehmen kann, wieder ein Feschak zu werden, nach »Hohlholz« zu fahren und beim Spazierengehen die Leute aufmerksam zu machen, daß ich der Vater bin vom klanen Radetzky. . . .

Egern, Mittwoch, 14. 11. 45

. . . Ich weiß nicht, ob ich Dir nicht schon die Geschichte erzählt habe: Zwei fremde Herren kommen ins Hotel Kaiserhof in Berlin, der ehemaligen Hochburg der Nazis, und sagen: »Mir sennen zwa spanische Granden und pflegen zu gebrauchen ein gut ausluftiertes, bechovetes Zimmer mit Bad.« Der Portier hat sie hinausgeschmissen. – Da ruft in

einer halben Stunde die Spanische Botschaft an:
»Portier, sind Sie denn wahnsinnig, Sie haben da
zwei hochstehende spanische Diplomaten hinaus-
geworfen, das kann Ihnen teuer zu stehn kommen.« – Da sagt der Portier ganz bestürzt: »Aber
um Gottes willen, das waren doch keine spanischen
Granden, das waren doch polnische Juden.«

»Aber nein«, schallt es zurück, »die haben doch
nur in Spanien bei Emigranten Deutsch gelernt.« –

Hans Moser ist im Krieg bei der Artillerie, da
ruft der Richtoffizier: »1500.-, 1800.-, 1150.-.«

Da geht Moser weg, und da schreit der Unterof-
fizier: »Kanonier Moser, sind Sie wahnsinnig, wir
führen Krieg, und Sie gehn weg?«

Moser sagt: »Aber liaber Herr, wenn schon die
Geschütze versteigert werden, was soll i denn noch
da machen?«

Moser wird Gefreiter und ist unbändig stolz auf
seine Rangerhöhung, er geht auf die Straße, begegnet einem General und grüßt ihn nicht. Da stellt ihn
der General und schreit: »Sie, Gefreiter, wissen Sie
nicht, daß Sie mir die Ehrenbezeigung zu leisten
haben, Sie Schweinehund?«

Da sagt Moser geheimnisvoll: »Aber Herr General, schreins' doch net aso, was sollen sich denn die
Leut' denken, wenn sich zwei Vorgesetzte
streiten.«

Ich war gerührt, daß Du auf Deinem Schreibtisch
eine Uhr mit der Tegernseer Zeit hast, auch ich
habe eine Tabelle. Wenn es bei uns zwölf Uhr mittags ist, ist es bei Dir drei Uhr früh und in New
York sechs Uhr früh, das sind mit Los Angeles
neun Stunden Differenz. In Ecuador ist es 5.46 und
Korea 19.30. Aber diese beiden Orte interessieren

ja nur Ecuadoren und Koreaner, aber nicht einen alten Herrn, dessen Kindi in Los Angeles ist.

Wälduli, aber fliegen werde ich nicht, das kostet zuviel Geld, erstens, und zweitens weiß ich nicht, ob ich diese großen Höhen, die das Flugzeug nimmt, mit dem Herzen aushalten kann, und drittens fahre ich so gerne zur See, wenn es im Sommer ist.

Montag, den 19. 11. 45

... Den Film »Der Diktator« möchte ich gerne sehen, aber ich komme ja doch nicht dazu, denn ein Kino haben wir für die Bevölkerung hier nicht, und im Polizeikino wird es wohl nicht mehr gezeigt, weil es für die Boys nicht mehr aktuell ist. Ich habe auch einen neuen Hund, ein Wolfshund soll er werden und ist vorerst ein Küchenbrunzer und wird von der Köchin und der Schwester verwöhnt und zum Einbrecherpfoterlgeber abgerichtet. Aber in ungefähr 14 Tagen übernimmt ihn Erich, der, so glaube ich, die richtige Art hat, ihn zu erziehen, denn wenn er ihm sagt: »ins Körbchen«, zieht er den Schwanz ein und geht wirklich ins Körbchen. Da legt sich zu seinem Trost die Katze zu ihm, und die lieben sich heiß, er beißt sie ins Gesicht, und sie läßt sich alles gefallen und kiefelt ihm an der Nase, nur wenn er zu massiv wird, haut sie ihm eine herunter, da jault er auf, und die Sache ist ritterlich ausgetragen. Er ist jetzt drei Monate alt, da kann man noch nicht viel verlangen, aber seine Mutter ist sehr scharf und vor allem gefürchtet. Er ist eine Sie und heißt Senta.

Dienstag, 20. 11. 45

. . . Also Hattie ist Köchin und Stumadl? Hoffentlich kann sie kochen, wenn nicht, so werde ich ihr
das lernen. Da werden wir zwei kochen, da wird die
Kaasi spitzen und sich als Holländerin sagen: »Ach,
wäre ich doch wie diese zwei Wiener.« Aber die
Holländer essen auch gut, bei unseren Gastspielen
in Den Haag, Rotter- und Amsterdam haben wir
nicht schlecht gegessen, ich weiß die Hotels nicht
mehr, nur Des Indes im Haag, weiß ich. Das war
damals im 1. Krieg, da waren im Speisesaal alle
Gesandten und hohen Militärs, Freunde und Fein-
de beisammen, nur durch Tische getrennt und be-
achteten sich nicht. Wir waren mit Richard Strauss
und Selma Kurz da. Nach dem Konzert bekam ich
von einem französischen Oberst einen sehr netten
Brief, in dem er mir für den großen Kunstgenuß
dankte und sich entschuldigte, daß er es nicht per-
sönlich tun darf, als Feind; aber die Kunst ist so
etwas Verbindendes, daß er kein Unrecht in seiner
spontanen Dankbarkeit einem Österreicher gegenüber sieht. Ich habe mich sehr gefreut, und Mami
hat mir in einem fulminanten Französisch ein paar
taktvolle Zeilen aufgesetzt, die ich dem Oberst ge-
antwortet habe und ihm sagte, daß ich keine
Kampfnatur bin, den Krieg nicht angefangen habe
und wenn es nach mir ginge, ich mich sofort erge-
ben würde und die Waffen strecken.

Donnerstag, 22. 11. 45

. . . Ich beabsichtige, Malaiisch zu lernen, um mit
Kaasi reden zu können. Aber ich habe bis jetzt nur

Bömakler und Hollywooder Juden gefunden, die schwören, daß sie nicht Malaiisch können. Also Walterle, das mußt Du noch lernen, sonst stehst Du hinter der Kaasi zurück, und sie kann Dir auf malaiisch Saures geben. Das muß ja ein liebes, entzückendes Geschöpferl sein. Das Bild von Eurer Hochzeit ist reizend und die Schilderung der Damenkapelle köstlich. Erinnerst Du Dich noch an die Damenkapelle bei Eisvogel? Mein Gott, war das schön, wo man mir schon immer einen Fauteuil vorbereitete, der Besitzer Cesti war ein Logenbruder, und man hat uns verwöhnt. Einmal hab' ich mir dort ein Krebsgulasch machen lassen, wenn ich zweihundert Jahre alt werde, werde ich diese Wonne nicht vergessen. Da gab es auch eine Damenkapelle, an die ich, wenn ich wiescherln ging, immer ein paar herzhafte, leutselige Worte richtete, auch lauter alte, miese Weiber. Die Fescheste war die Kapellmeisterin, die in ahnungsloser Unbegabung Takt schlug, auf den aber das Ensemble nicht hinschauen durfte, weil sie sonst herauskamen. Sie spielte dazwischen auch Violine, wie der Johann Strauß, aber sie konnte nicht spielen. Da hatte sie den Fiedelbogen mit Schmalz eingeschmiert und wirkte auf wirkliche Geiger durch verkehrte Bogenführung befremdlich. Dann ging ich immer in die Küche und bekam die schönsten Stückerln, die die Zeitgeschichte kennt. So ein Rindsgulasch aus Wadschunken, da hat mir die Köchin jedes Stückerl ausgesucht, ein Roastbeef für die Mami, halb blutig, eine heurige Salzgurke und Reis mit Champignon. Mein Gott, Walter, da wird man zum Klassiker und möchte ausrufen: Königin, die Welt ist doch schön!

Meine zwölf Hühner haben sie mir gestohlen. Es waren ungefähr vier Hähne dabei; im Sommer zur Welt gekommen. Die gedachten wir im Winter zu essen. Keine Eier, und es ist ausgeschlossen, ein Huhn zu kaufen zu bekommen. Jetzt haben wir zwei Gänse, Moritz und Archibald, und Frau Scholz hat eine Gans in Pension bei mir, die heißt Susanna, und wenn ich sie an der Leine spazierenführe und sie auf der Wiese im eisigen, gefrorenen Wasser plantscht, ist sie »Susanna im Bade«! Köstliche Einfälle habe ich! Ich bin froh, daß ich so köstlich bin. Ach, mein lieber Bub, Dich da haben, Dich an mich pressen und nichts reden, nur halten sich und unsere Herzen ineinanderströmen lassen. Mir ist nur bange vor der ersten Stunde, wenn Du ins leere Haus kommst, denn wenn es noch so voll ist, es ist leer ohne unsere Mami.

Unsere O. ist im Sterben. Gestern abend hat sie nicht mehr gesprochen, liegt ruhig da mit einem frohen, verklärten Gesicht. Die Kinder wollten die Nacht aufbleiben bei ihr, aber sie atmet ganz ruhig, und es kann noch ein paar Tage dauern. Sie nimmt nichts mehr zu sich, und heute war der Pfarrer da, ihr die Absolution geben. Ich habe eine Gruft gekauft neben Ludwig Thoma, für vier Personen, auf der entgegengesetzten Seite, wo Mami liegt. Schwer ist mir und bange, obwohl es ja ein natürlicher Vorgang ist, mit 93 Jahren zu sterben. Aber wenn es dann kommt, tut einem das Herz so weh. Aber sie leidet nicht, atmet ruhig, ihr Herz und alle Organe sind gesund, und die allgemeine Altersschwäche bringt diesen Verfall mit sich. Jedenfalls schlummert sie hinüber, glücklich und zufrieden ist ihr Gesichtsausdruck; es ist für sie eine Erlösung.

27. II. 45

Also heute haben wir unsere O. zu Grabe getragen. Die ganzen letzten Wochen war strahlendes Sommerwetter; heute war Schnee und Schneetreiben, so daß mich Erich mit meinem Stuhl kaum erschleppen konnte. Es waren nur sehr wenige Menschen da, erstens hat es niemand gewußt, dann hat ja niemand mehr die O. gekannt, und dann war das Wetter so fürchterlich, daß sich jeder, der es auch gewußt hätte und sonst gekommen wäre, gedrückt hat. Die Kinder wollten absolut, daß ich nicht zum Begräbnis gehe, aber so leicht wollte ich mir das doch nicht machen. Ich mache mir ohnehin schon genug Vorwürfe. Um halb neun wurde sie im wirbelnden Schnee, daß man die Hand nicht vor den Augen sehen konnte, mit dem Leichenwagen weggeführt. Ich fuhr dann nach, fest eingewickelt in meinen Stadtpelz, den ich schon jahrelang nicht mehr anhatte und der mir schon zu enge war, jetzt aber sehr bequem ist für diesen armseligen Kadaver, den ich habe. Der Friedhof ist um die Hälfte vergrößert, und das Grab ist neben Thoma und Ganghofer an der Mauer zum Schulplatz. Es hat mich gar nicht sehr beeindruckt, auch Gretel sagt, daß sie sich Vorwürfe macht, daß sie da nicht ergriffen war. Aber wer das erlebt hat mit unserer Mami, den kann nichts mehr berühren. Nach der Zeremonie war anschließend eine stille Messe. Ich blieb in meinem Stuhl, es war ja fast niemand in der Kirche, und dann war es vorbei. Ich fuhr an Mamis Grab vorbei, ließ Erich ein Kerzerl in die Grablaterne geben, gab Mami ein Bussi und fuhr nach Hause. . . .

Das war wieder ein Christkindl gestern! 21 Pakete und Dein lieber Brief mit der Abschrift wegen Deines Visums. Aber Wälduli, das ist ja Wahnsinn! Du hast über 400 Pakete geschickt. Bei mir biegen sich die Kasten, wir schwelgen in Kaffee und Reis und noch was und noch was ... Ich feiere Corned beef-Orgien und Liverloaf-Feste. Das Liebste ist mir das Frühstück. Da sitze ich da, Butter habe ich mir gekauft, frag mich nicht, wie teuer, aber ich hab sie, und jeden Tag kämpfe ich mit mir, welche Büchse ich aufmachen werde, ob ich Käse-Makkaroni oder heiße Nudeln essen soll. Da gehe ich mit mir zu Rate und treffe meine Entscheidungen. Verzeih, daß ich mit der Hand schreibe, aber Du kannst ja meine Schrift lesen, und mit Maschine kann ich nicht so von Herzen reden. Da muß ich aufpassen, daß ich keine falschen Buchstaben erwische. ...

Diesen Film, wo ich den Koch spiele, hat die Hegewald ohne Atelier im Lainzer Tiergarten gemacht. Es waren zwei Drehtage. Da kam eine Honorarwolke, und es wurden drei, aus denen sie mich bescheißen wollte. Aber für derartige Scherze bin ich augenblicklich nie momentan gewesen und habe auf Anraten verschiedener von Hegewald bereits Beschissener nur gegen vorher hinterlegtes Honorar gearbeitet. Allerdings fingen sie schon um 8 Uhr früh an und drehten noch, als es schon finster war, daß man nicht eruieren konnte, wer einem in den Hintern zwickt. Der Regisseur war ein gewisser Fleck mit seiner Frau, also ein Original aus Polen, ein armes, liebes Jiddele. Der Musikbeflissene war ein gewisser Niedermeyer. Da sagte Fleck zu ihm:

»Niedermeyer, ich brauch a Halali, so an Trompetenstoß.« Niedermeyer setzt sich zum Klavier und präludiert ein Halali. Schreit Fleck: »Großer Gott, ich will an Halali, an Trompetenstoß, er spielt sich nebbich eine Symphonie!« Da machte Niedermeyer am Klavier frz... frz, und Fleck jubilierte: »Sehn Sie, Niedermeyer, dos is a Halali.« Die Niese tat sehr auf Kaiserpatriotismus. Sie war immer das Mutterl, das a Wienerin wor, mit dem alten Steffel um den Hals gehängt und die Sieveringer Häuserln ums Genick gebunden. Ich mußte ihr monatelang all diese Weinlieder singen – ich, als Biertrinker; nur vom Singen allein bekam ich schon Sodbrennen! Aber irgendwie lustig und humorvoll waren die Filme. Als dann nur die Nazis Filme machten und der deutsche Mensch in den Vordergrund treten mußte, wurde es stinkfad und so voll von teutonischem Geist erfüllt, daß man sich gar nicht erst den Finger in den Hals zu stecken brauchte – man kotzte von alleine. ...

Mein Gott, welch eine Gnade, daß Du uns das »Off Limits« verschafft hast und sie mich in Ruhe lassen. Du mußt mir nur gleich einen Brief schreiben, daß Du in allernächster Zeit mit Deiner Familie auf einige Monate herkommst – für alle Fälle, daß ich das zeigen kann, falls etwas sein sollte. Aber ich glaube auch, und auch alle unsere amerikanischen Freunde sagen, daß amerikanischer Besitz tabu ist. Wie seinerzeit Ludwig Thoma sagte: »Wenn sie mir fremde Menschen (damals im Ersten Weltkrieg) in mein Haus geben, putze ich täglich meine Joagdflint'n und oalle Noasenloang geht ein Schuß los, bis die Schlawiner draußen san.« Das geht natürlich jetzt nicht. Damals hatten wir keine fremde Besatzung und hatten es nur mit den Deutschen zu tun. Jetzt ist es ernster.

1. 12. 45

Deine Schilderungen von der Farm haben uns sehr gefreut. Ich sehe Dich wie in einem Roman von Spielhagen mit Deinem edelfeurigen Roß durch Deinen Besitz jagen, die Kaasi kommt als malaiische Adlige mit einem weißen Zelter Dir entgegen, das Roß scheut, der weiße Zelter geht durch, Du stürzt ihm in die Zügel, rettest Kaasi, sie fällt in Ohnmacht, als sie erwacht, sagt sie: »Wo bin ich?« Da sagst Du: »Mein Name ist Slezak, ich bin der Besitzer der Latifundien, auf denen Sie, liebe Malaiin, reiten.« Du führst sie in Dein Haus, zeigst ihr, wie Du elektrisch melken kannst, davon ist sie so begeistert, daß sie *in love* fällt und Dich heiratet. Ach, ich freue mich ja so, ich kann es Dir gar nicht sagen, das alles zu sehen und mit meiner landwirtschaftlichen Unzulänglichkeit alles zu verbessern. Dann lasse ich mir eine Eierspeise mit zehn Eiern machen, mit Schnittlauch. Kaasi wird sie auf malaiisch machen, und wir werden sie auf wienerisch essen. Dann fahren wir im offenen Automobil nach Hollywood, wenn wir alles beaugapfelt haben, und ich sitze neben Dir. Da wirst Du mir die Gegend erklären und ganz falsche Angaben machen, und ich werde so tun, als ob ich Dir glauben würde, damit Du das freudige Gefühl hast, Deinen alten Vater hochgenommen zu haben. Juhu, das wird fesch! Und wenn ich nach Egern zurückkomme, werde ich nicht mehr Deutsch können und als Vollblutamerikaner auftreten. . . .

2. 12. 45

... Ich sitze oft lange da und male mir alles aus, wie
es sein wird, wenn Du mit Kaasi und dem kleinen
Fratz kommst. Da wird unsere Schwester in ihrem
Element sein, denn die ist Säuglingsschwester,
drum ist sie ja auch bei 'nem alten Säugling. Gott,
bin ich ein alter Säugling!

3. 12. 45

... Zwei Zeitungen haben wir alles in allem und
genau dasselbe Phrasieren wie früher – nur in um-
gekehrter Richtung. Am Radio wird man vor Ge-
rechtigkeit, Aufbauarbeit und Friedensgeräuschen
ganz benommen. Es gibt sogar eine Ecke »Das
freie Wort«, wo der KZler Isidor Lämmergeier die
Handlungen des Ministerpräsidenten als unrichtig
hinstellt und Ratschläge gibt, wie er regieren soll.
Das ist die freie Meinung, die jeder haben darf. Mit
demselben empörten Pathos werden jetzt Millio-
nen Nebbochanten unglücklich gemacht, weil sie
bei der Hitlerjugend oder dem Bund Deutscher
Mädchen waren, wo sie zehn Jahre alt waren, als sie
automatisch dazugehen mußten, weil die Eltern
sonst ins Kriminal gekommen wären. In die Klini-
ken kommen medizinische Konservatoristen, die
ein abgekürztes Notexamen gemacht haben, keine
Spitalpraxis kennen und eine Harnröhre von einer
Luftröhre nicht unterscheiden können. Tausende
von kranken Menschen werden sterben. Und erst
dann, wenn Tausende gestorben sind, wird man die
entlassenen PG-Ärzte auf Widerruf zulassen, um
die Medizinalschüler abzurichten. Im Kranken-

haus, wo ich war, dort war der berühmte Internist Prof. Schittenhelm, sind alle Ärzte entlassen, dürfen die Räume nicht betreten, und die Schwestern geben auf Grund ihrer Erfahrung die Medizinen, die zu geben sind. Prof. Schittenhelm ist seit 5. Mai in Moosburg im KZ, im Keller auf Stroh, und ist noch nicht verhört worden.

Gerade heute steht in der »Neuen Zeitung« der beiliegende kleine Aufsatz über den lieben Werfel, den ich sehr gern gehabt habe, und seine Alma ist eine geradezu entzückende Frau.

Almas Tochter war doch mit lauter so Geisteschampions verheiratet, einmal mit dem Komponisten Krenek, der »Jonny spielt auf« geschrieben hat, und ich bekam die Rolle; das war so, wie wenn man sich mit dem nackedigen Toches aufs Klavier setzt und dazu bellt. Ich sandte sie dem Schalk zurück mit dem Bemerken, daß ich dies nur als letzte Vorstellung, beim Abgang von der Bühne, singen kann, wenn ich meine Stimme nicht mehr brauche. Da hat die Rolle dann der Maikl zur Zufriedenheit gesungen. Ich war im Zwischenakt bei ihm, da sagte er: »Des is da, mein Liaba, a Dräg, der Hals tuat ma weh, als ob mir ana Glasscherben einigschissen hätt.« Auch der »Wozzek« von Alban Berg, den ich auch mit seiner Frau bei Werfel traf, ist so eine Kantilenenoper und Stimmbandsolfeggie, wo einem die Stimmbänder in Fetzen bei den Nasenlöchern entsprießen. Der ist allerdings noch ärger, da hat man singen können, was man will. Als wir in der Berliner Oper in der Loge mit Mami saßen und das hörten, hielten wir es für einen Gspaß, aber es war ernst. Dir, mein Kind, wird es sicher gefallen, weil Du ja auch so ein moderner Wahnsinniger bist;

aber einen Menschen, der in der Kunst sich erbauen und ästhetisch benachezen will, frißt die Galle.

Dienstag, 11. 12. 45

... Also, liebe Kaasi, vorgestern bekam ich Deinen süßen Schal, der mir so gut zu Gesichte steht, daß ich anfange, wieder Glück bei den Frauen zu haben. Ich sitze damit bei meinem Schreibtisch und habe ihn um die Schultern und werde von den alten Weibern, die uns besuchen, bewundert, und man findet allgemein, daß dieses schottische Muster viel zu meiner Emballage beiträgt und es mich um 14 Tage jünger macht. Tausend Dank dafür, ich habe eine schreckliche Freude damit und trage es mit der Mami ihrem Schal zusammen; dann noch ein Halstuch, ein schneeweißes, das mir Mami zu den Konzerten und Frack schenkte, ferner habe ich ein gestricktes Wolleibel im Bett an, und wenn ich das im Film oder am Theater so anziehen würde, würde die Kritik sagen, daß ich schamlos übertreibe. Wir haben 20 Grad Kälte, und im Schlafzimmer ist das Wasser im Glas, das ich für die Nacht dastehen habe, gefroren. Ihr Glücklichen habt ja keine Ahnung von so einem Winter bei uns. Ich habe den Schal zuerst falsch umgenommen, da haben mich die roten Klankerln gekitzelt, erst nach Aufklärung der Schwester, daß die Seite ohne Quasteln um den Hals gehört, war ich restlos befriedigt und gehe den ganzen Tag als älterer Schotte umher. Also tausend Dank. Du hast mir eine große Freude damit gemacht, und ich will mir immer Walters Worte vorsagen, daß der Schal eine liebevolle Umarmung für mich bedeutet. Verzeihe die plumpe Vertraulichkeit, daß ich Dir Du sage, aber da Du die liebe Gattin meines Knaben bist, dem ich auch Du sage, so halte ich es für opportun, Dir auch – also so etwas Seniles von einem Gequassel geht auf keine Kuhhaut, aber mein Humor läßt mich schon sehr im Stich, und es wird eine öde, gequälte, sonnenlose Tirade.

Ich freue mich wie ein Kind, mein Bub, daß Du noch fleißig malst, vernachlässige es nicht, es wäre schade um das schöne Talent, das Dir der liebe Gott gegeben hat. Ich wollte, ich könnt's, ich möchte auch malen, habe es einmal in der Jugend versucht und die Mami als Helgoländerin gemalt, habe es dem Friseur gezeigt, und er sagte ganz devot: »Sehr gut getroffen, der Herr von Mascagni.« Da habe ich das Porträtieren aufgegeben und Briefmarken gesammelt.

20. 12. 45

Also Walterle, gleich, wenn Du verdienst und Geld hast: weg damit. Lieber dann beim Verkauf der Sachwerte eine Kleinigkeit verlieren, als alles auf einmal loswerden. Und ja nicht auf der Börse spielen, da ist man immer die Wurzen. Ich war mit Mami vor vielen Jahren in Monte Carlo, und um sagen zu können, ich habe gespielt, kaufte ich mir an der Kasse für fünf Francs Chips, setzte zum Erstaunen der herumsitzenden Wahnsinnigen erst einen Franc, ließ ihn stehen, und auf einmal waren es 180 Francs. Dann nahm ich die Mami und sagte: »So, Lieschi, jetzt hast du gespielt, und für das Geld werden wir uns ein schönes Nachtmahl kaufen.« Ich ging an die Kasse, sagte: »Je gagne«, ließ

mir das Geld auszahlen, und wir gingen strahlend
weg, ins Café de Paris, und aßen da einen herrlichen Bouillabaisse und noch einen wunderbaren
Hummer, von dem ich mir die Scheren in einem
Stück Papier einsteckte, zum Entsetzen Mamis.
Dann hatten wir noch Eis und herrlichen Chablis,
2,50 die Flasche, das weiß ich noch alles wie heute,
und ich muß noch lachen, wie Mami rot wurde bei
dem Gedanken, daß sich ein Gast die Reste vom
Hummer ins Klopapier einwickelt und mitnimmt,
und hatte so Angst, daß es jemand gesehen haben
könnte. Am nächsten Morgen kaufte ich mir einen
halben Tiegel fertige Mayonnaise, weil ich die nicht
einstecken konnte. Als ich Mami sagte, daß ich den
Mayonnaisetiegel mit ins Restaurant nehme und
mir ihn dort anfüllen lasse, ist die Liebe ganz knall-
rot geworden und hat mir den Tiegel weggenommen und weggeschmissen. In Ostende waren wir
vier Wochen, wo ich im Kursaal zweimal die Woche
gesungen habe und wir mit Euch Kindern in Maria-
kehrt gewohnt haben. Da saß ich im Spielsaal auf
dem besten Platz neben dem Croupier und spielte
in Gedanken mit einem der Spieler mit, verlor er,
freute ich mich, daß ich es nicht bin, gewann er,
dachte ich mir, er wird schon wieder verlieren. Und
richtig kam es so. Selma Kurz war auch da und der
Bonci. Wir bekamen das höchste Honorar, die
zahlten 3000 Francs. Selma sang dreimal, verdiente
9000 Francs und verlor im Kursaal über 15 000
Francs, so daß sie der selige Compers, der sie ver-
ehrte, auslösen mußte. Ich bekam für achtmal Singen 24 000 Francs und konnte mir wenigstens 20 000
Francs davon heimbringen, trotzdem wir als ganze
Familie vier Wochen da lebten und noch ein paar

Tage in Paris blieben und mit dem Orientexpreß nach Wien fuhren.

Da machten wir einmal einen Ausflug nach Brüssel. Dort waren wir mit Professor Fröhlich und Frau und noch einer Gesellschaft. Und da bat ich Frau Professor Fröhlich, sie soll aus der Mami herauskriegen, was ihr gefällt, denn sie hat sich doch nie etwas gewünscht und sich immer nur das Billigste genommen. Da waren wir im Spitzengeschäft, und die Damen waren ganz meschugge von den Herrlichkeiten. Frau Professor Fröhlich, ein sehr lieber Kerl, zog Mami die Würmer aus der Nase und kaufte in meinem Auftrag das Schönste vom Schönen. Sie hat es sich an der Grenze um den Leib gebunden, gab es mir in Wien, und am Weihnachtstisch habe ich es der Mami hingelegt. Da hättest Du das Gesichterl sehen sollen! Es war ein herrlicher Schal und Spitzendecke und Spitzentuch, was weiß ich, versteh' ja nichts davon, weiß nur, daß sie unendlich glücklich war.

So sitze ich den ganzen Tag hier und spintisiere von morgens, wenn ich erwache und ihr kleines Bild als Morgengruß küsse mit den Haaren, die ich ihr, als sie gestorben war, abgeschnitten habe; da sehne ich mich, sehne mich grenzenlos, bis zum Einschlafen. Und wenn ich nachts erwache, krampft es mir das Herz zusammen, daß ich ihr kleines, liebes Handerl nicht fassen kann und ihr sagen, wie lieb ich sie hab'. So vergeht ein Tag um den andern, und dann kommen die Pläne zu Dir. . . .

1946

Also das war gestern ein Freudentag! All die Fotos von Deinem Hause, der Farm, dann ein lieber Brief mit der beglückenden Mitteilung, die ich selbstverständlich auch vor Gretel und Peter geheimhalte und ihnen diese Stelle einfach nicht vorlese. Gretel ist so dicht wie ein Sieb und sensationslüstern, sich vor Übermut und Temperament überschlagend. Die vergißt schnell, daß sie nichts sagen soll, und sagt's dann doch. Nein, es ist besser, es bleibt bei mir allein. Ich bin ja so glücklich, und am glücklichsten hat mich Deine ganze Einstellung zu Johanna gemacht. Du bist genau, wie ich es war mit Mami. Ich glaube nun, daß sie die Richtige ist. Die Gedichterln sind rührend, und wenn es bei Kaasi auch auf so fruchtbaren Boden fällt wie bei der Mami, dann ist Gottes Segen bis aufs Ende da bei Euch, und es wird immer schöner und schöner, je länger es dauert. Ich habe im Krankenhaus an Mami auch noch Gedichte gemacht, weil ich weiß, daß sie es kennt, für sie, sie allein. Die Poesie muß man sich bewahren bis ins hohe Alter, das ist das Wesentliche. Ich habe in unserer Mami nie das alte siebzigjährige Mutterl mit dem armseligen kranken Körper gesehen; sie blieb für mich immer mein Mädel, wie sie als meine Braut und junge Frau war. Das wird nach allem, was ich beurteilen kann, auch bei Euch, mein Kind, sein. Sich liebhaben, liebhaben, das ist das Lebenselixier. Ich stierdel ja so oft in den Briefen Mamis und den meinen an sie. All die vielen, vielen kleinen Scherzgedichte atmen eine Atmosphäre der innigsten Liebe und Zärtlichkeit aus, die nicht erlahmen soll. Ich habe alle meine Gedichte an Mami gesammelt. Du kannst sie, wenn ich nicht mehr bin, haben, vielleicht machen sie Dir Freude. Du bist jedenfalls empfänglicher als die Gretel dafür. Daß Ihr zu Weihnachten allein zu dritt seid, hat mich gefreut. Dieser Tag ist nur für Dein Weib und Dein Kind heilig. Mein Gott, was sind Freundschaften! Wie armselig brechen die, wenn es um einen dunkel zu werden beginnt. Solange Dein Licht leuchtet und das Essen in Deinem Hause gut ist, ist alles wunderbar. Wenn sich das ändert, kommt die unausbleibliche Enttäuschung. Nur auf Dich angewiesen sein, Deine Frau und Deine Kinder, das gehört zusammen. Natürlich hat man im Leben auch nette Freunde, zum Beispiel Milan und Lisa sind sehr liebe, reizende, warmherzige Menschen, namentlich sie ist sehr amüsant, konnte alle Leute in einer wirklich entzückenden Form ausrichten, ohne jede Bösartigkeit. Sie hatten Mami und mich aufrichtig gern.

Also gestern nachmittag kam Richter, der liebe Kerl, mit 28 Paketen, allen Fotos, einem Brief von Dir und zwei Briefen von der angebumsten Kaasi. Ich habe mich schrecklich gefreut. Er konnte nur eine Stunde bleiben, hat mit seinem Fahrer bei uns Kaffee getrunken. Ich bin doch Leoschi, der brasilianische Kaffeekoch. No und dann war er weg, da ging es los, nicht, wie Du Materialist annimmst, ans

Auspacken der Freßpakete – o nein, ans Bilderan-
schauen zuerst und Briefelesen. Also weißt Du, daß
ich zu Tod erschrocken bin, wie ich sah, daß Du
diese unwahrscheinlich seltenen und wertvollen
Manuskripte auf dem Klavier aufgestellt und an die
Mauer gehängt hast. So etwas gehört in den Safe in
sorgfältige Hüllen, wird nur besonders Interessier-
ten gezeigt. Also die Bilder von Deinem Haus und
Deiner Wohnung sind ja phantastisch. Ich hab' den
ganzen Abend im Bett gelegen mit der Lupe und
alles angesehen. Erst heute früh konnte ich die Pakete auspacken, weil ich zu müde war und alles ja
selber verstauen mußte. Es ist ja enorm, mein
Kind, was für Unsummen Du da ausgegeben hast
für mich. Aber bitte, jetzt machen wir wenigstens
für ein Vierteljahr Schluß, bis Du da warst, dann
werde ich Dich um einige Sachen bitten, die nicht
so teuer sind ...

8. Januar 46

Ich sitze in meinem Zimmer, ich stiere vor mich
hin, und jetzt raffe ich mich auf, Dir wieder zu
schreiben. Das Herzweh und Seelenleid sprengt
mir manchmal die Brust. Ich bin immer allein. Peter sehe ich manchmal drei bis vier Tage gar nicht,
und dann auf fünf Minuten. Schnell hat er was zu
tun, die Gretel kommt auch recht spärlich, daß ich
mich oft sehr abkränke. Aber ich kann es ja verstehen, daß es kein Vergnügen ist, sich länger, als gerade nötig ist, mit einem alten, unglücklichen, kranken Mann aufzuhalten. Die Kinder leben halt ihr
eigenes Leben, und für eine Flasche Wein, die
sie wo zu trinken kriegen, fahren sie weit mit dem

Auto. Aber bitte, mein Bub, mache keine Bemerkungen in irgendeinem Deiner Briefe, denn erstens
ist es ganz zwecklos, es löst nur bei Gretel Entrü-
stung aus. Mein Gott, und er ist ein fremder Mann,
ein Norddeutscher, was interessiert ihn sein
Schwiegervater. Zum Glück hat Gretel Gütertren-
nung mit ihm, also ist sie geschützt, und so gele-
gentliche Herrschergelüste, die er sich hie und da
erlaubt, weil er meint, daß mir ja doch alles egal ist,
die stelle ich mit einem energischen Wort gleich ab
und lasse ihn nicht im unklaren darüber, daß er
mein lieber Gast ist, aber ich der Herr im Hause
bin, ohne dessen Einwilligung nicht ein Nagel ein-
geschlagen werden darf. Das genügt dann schon
und kommt auch gar nicht mehr vor. Aber, mein
Bub, bitte kränk' Dich nicht, und vor allen Dingen
erwähne nichts in Deinen Briefen, denn das Bad
muß ich dann mit meinem kranken Herzen ausgie-
ßen, wenn ich solchen Aufregungen ausgesetzt bin.
Ich habe ja keinen einzigen Menschen, mit dem ich
reden kann. ... Vormittags sehe ich die Kinder
überhaupt nicht, sie sind drüben im Hause, und
wenn er herüberkommt und in der Küche was zu
tun hat, kommt er nie herein, guten Morgen sagen.
Das war bis vor einigen Monaten ganz anders. Ich
rede kein Wort. Er geht ja auch zu seiner Mutter
nicht, aber weh tut es halt doch, so abseits zu sein.
Um der Herr im Hause zu sein, bestreite ich wie
früher, solange Lieserl noch war, den ganzen Haus-
halt, was ich auch tat, als die Frau Senator da war,
die sich an den Haushaltungskosten beteiligen
wollte, was ich ablehnte und sagte: »Nein, du und
die Omi, ihr seid meine lieben Gäste«, denn sonst
wäre ich nicht imstande gewesen, mich so zur Wehr

zu setzen. Bei Gretel ist es ja bestimmt nicht der
Fall, denn für sie ändert sich ja nichts, und sie hat
halt und braucht halt oft einen Halt bei mir. Aber
bei ihm habe ich das Gefühl, als ob ich eigentlich
schon recht unerwünscht wäre und, aber nein, ich
irre mich vielleicht, ich bin halt schon verbittert,
und dadurch, daß ich so gar kein Ventil habe, mein
Herzweh und meine Gedanken auszulassen, bin ich
ein bißchen ungerecht. Wenn ich nicht halblaut
oder laut mit meiner Liesi reden würde, so glaube
ich, würde ich das Reden verlernen, so einsam bin
ich. Die Schwester richtet mir alles her, wir wech-
seln keine zehn Worte, was soll ich mit ihr reden?
Erich wird einkaufen geschickt, der Köchin sage
ich, was ich essen will und nicht kann, jetzt sind wir
fertig. Der Doktor kommt jeden dritten Tag mit
einer Spritze, und mit dem habe ich auch keinerlei
Anknüpfungspunkte; ein armer Mensch, der entlassen ist, so ein tüchtiger Arzt. Radio höre ich
nicht, die Zeitungen lege ich nach zwei Sätzen weg,
so entsetzlich sind die Sachen, die da vorgegangen
sind. Lesen kann ich wenig, weil ich die Konzentration nicht habe.

9. Januar 46

Gestern abend brachten mir die Kinder Deinen lieben Brief vom 14., in dem Du meine ganze Diskre-
tionsorgie Gretel gegenüber über den Haufen
wirfst. Sie bekam den Brief von Ricco angeblich
offen und las ihn und teilte mir selig mit, daß seit
zwei Monaten ein kleiner Leo im Anrollen ist. Nun
muß ich diesen letzten Brief irgendwie einschmug-
geln; ich habe ihr streng aufgetragen, mit nieman-

dem über diese Familienangelegenheit zu sprechen.
Erst bis es offiziell von Kaasi bekanntgegeben wird.
Schon aus Aberglauben soll man es solange wie
möglich für sich behalten. Aber wir freuen uns
schrecklich. Es wird sicher wie bei mir: erst das
Mädel, dann der Bub, dann aber Pause oder
Schluß, das heißt, so wie es der liebe Gott haben
will. ...

15. 1. 46

... Mein Gott, wenn ich mich doch in ein Flugzeug
in meinem Garten setzen könnte, alles vollgepackt
mit Deinen und den Sachen der Tante. So ein Riesenflugzeug mit Riesentonnenaufnahme. Da wären
zwei Flugzeugführer da, einer, der das Lokal aus-
spritzt und die Betten macht, die Nachttöpfe aus-
leert, und ich würde mir eine Kindertrompete kaufen, und wenn ich blase, würde sich das Flugzeug
erheben. Ich würde kommandieren: »Hollywood,
1520 Laurel Avenue«; die vier Meschores würden
sagen: »Yes, Sir«, und wir würden fliegen. Auf den
Azoren würden wir landen, Gasolin und Wasser
neu füllen, außerdem habe ich die Azoren noch nie
gesehen, schnell ein Blick auf diese, und weiter.
Drahtlos würde ich kabeln: »Landen morgen in
Deinem Garten. Sperr den Hund ein, daß wir ihn
nicht überfahren.« Das Kind muß mit Kaasi am
Fenster warten, bis das Flugzeug steht. Dann große
Begrüßung. Na, und so male ich mir alles aus à la
Jules Verne und rede so in mich hinein, daß ich
dann ganz beleidigt bin, wenn ich einsehe, daß das
Ganze ein Blödsinn ist. Damit sich Kaasi nicht vor
dem grausligen, steinalten Herrn graust, würden

wir uns küssen wie die Russen zu Ostern: Die küssen sich, indem sie die Wangen aneinanderlegen und in die Luft einen Schmatz schnalzen lassen. Dem Ingilein werde ich gleich Du sagen und sie auf die Stirne küssen, weil man nicht weiß, wie so ein süßes kleines Kind auf eine faltenreiche Mumie reagiert. Aber Walter, wir zwei, Du und ich, wir werden uns fest um den Hals nehmen, und Du wirst mich drücken, daß die Knochen, die mir überall herausstehen, in konvulsivisches Krachen ausarten. Gott, ist das blöd, was ich da schreibe, aber weißt Du, mein Kind, mir ist so schwer ums Herz, das möchte ich so gerne durch muntere Rede kaschieren. Wir würden das Flugzeug ausladen lassen und dabei sitzenbleiben und wie die Mami auf der Reise nach der Liste nachzählen, ob alles ausgeladen ist. Jeder der Flugzeugbediener bekäme einen Dollar Trinkgeld, den Du mir allerdings leihen müßtest, weil ich ein besiegter Schnorrer bin. Ich würde die Kindertrompete herausnehmen, blasen und kommandieren: »Abflug!« Das Riesenflugzeug würde sich in die Lüfte heben, und ich würde mich einen Dreck darum kümmern, wohin es fliegt, weil es nicht mein Flugzeug ist. Wenn ich wieder so eine märchenhafte Irrsinnswelle habe, male ich weiter alles aus. Für heute mache ich Schluß und umarme Euch. Warum? Weil ich Euch innig liebe, weil ich Euer lieber, guter Papa bin, deshalb, drum!

27. I. 46

Gestern hat man sich lange zu mir gehockt, bis ich zu müde wurde und keine Spannkraft mehr zum Schreiben hatte. Also heute war der Wahltag. Ich

wurde mit Gretel und Morena gefilmt, die ganze
Filsergesellschaft saß da; es wurden auch viele
Außenaufnahmen in unserm Egern gemacht – der
gefrorene See mit den vielen Menschen drauf, unser Haus. Mir macht es nur Freude, weil die Kopien
nach USA mit dem Flugzeug geschickt und in allen
Kinos gezeigt werden. Jedenfalls wirst Du es sehen
und ein Stück Heimat drinnen finden. Vormittags
fuhr ich mit Gretel und Peter zum Wahllokal. Es
war ausgeleuchtet. Ich bekam einen Zettel in die
Hand gedrückt, ging in die Kabine, machte ein
Kreuz bei Christlich-Soziale Union, ging mit der
Kennkarte und dem Wahlzettel zur Urne. Das wurde alles gewissenhaft gefilmt, dann kriegte ich eine
Großaufnahme für Dich, mein Bub. Da schau ich in
den Apparat und sage ganz leise: Walterle, und
dann ging ich wieder. Draußen wartete Erich mit
meinem Rollstuhl, dann fuhr ich zur Mami aufs
Grab, aber da ist alles voller Schnee. Erich brachte
mich dann nach Hause. Drüben war weiterhin
Volksfest. Nachmittags noch zwei amerikanische
Offiziere von unserer Militärpolizei, die man zu
Freunden haben muß und die sehr nette Kerle sind.
Ich mußte hinüber, sie begrüßen und war eine halbe Stunde dort. Es war scheußlich, ich wußte schon
nicht mehr, was ich reden soll. Jetzt ist es sechs
Uhr, die Luft ist rein, und wenn nicht noch jemand
abends kommt, so können sich die Kinder ein bis-
serl ausruhen. Also ich wär' nicht imstande, dieses
Leben auszuhalten.

28. 1. 46

Mein liebes Kind, ich bin sehr glücklich. Soeben
waren die Kinder da und begeistert von Deiner Arbeit in »Spanish Main«. Sie sagten, Du warst fabelhaft und hast so beherrscht gespielt, und sie verstehen es, daß Du so einen großen Erfolg im Film
hast. Du glaubst nicht, wie froh mich das macht. Ich
habe nur Herzweh, daß ich es nicht sehen kann,
aber ich bin dieser Fahrt nach München physisch
nicht gewachsen. Am neunten, übermorgen, ist der
46. Jahrestag, wo sich Mami als Johanna d'Arc vom
Theater verabschiedete und mir zuliebe das Theater aufgab. Die Kinder schenkten mir einen schönen Silberrahmen, da hab' ich sie als Jungfrau von
Orleans am Schreibtisch. Eine Hyazinthenzwiebel
ist schon in Blüte, die kommt dazu. Dann gehe ich
in die Kapelle und danke ihr, daß sie für mich dieses Opfer gebracht hat, denn sie war ja auch mit
Leib und Seele beim Theater. Alles, alles hat sie
sich mir zuliebe versagt, alles war nur für mich und
für Euch Kinder. Ihr ganzes Leben ist sie zurückge-
treten und hat nur an mich gedacht...

4. 3. 1946

Mein Walterle, einen großen Kummer, eine große
Angst hast Du mir zugefügt mit Deinem Entschluß,
fliegen zu lernen und Pilot zu werden. Schau, mein
Kind, der liebe Gott hat Dich auf solche Höhen des
Glücks geführt, hat Dir ein herrliches Weib und ein
süßes Kind, strahlenden Erfolg in Deinem Beruf
und ein herrliches Heim gegeben. Willst Du, über-
mütig gemacht, Gott versuchen? Ein Unfall, er

braucht nicht tödlich zu sein, kann im Bruchteil einer Minute Dein ganzes Glück zertrümmern. Was hat das für einen Zweck? Das ist doch nichts als: »Wenn es dem Esel zu gut geht, geht er aufs Eis tanzen.« Du hast einen wunderbaren, mit allen Schikanen ausgestatteten Wagen, der Dich überall hinbringt, wohin Du willst, so schnell es geht. Wozu das Schicksal herausfordern? Fürchtest Du nicht die große, mit nichts zu rechtfertigende Verantwortung, die Du Deiner Familie gegenüber verabsäumst? Was geschieht, wenn Du heute oder morgen mit zerbrochenen Gliedern heimgebracht wirst und Dein Leben und auch das Deines Weibes, das Dich liebt, zerbrochen ist? Erzähle mir nicht, daß die Gefahren beim Autofahren auch nicht weniger sind. Das ist ein Selbstbetrug, den kein Mensch mit fünf Sinnen gelten lassen wird. Eine Panne beim Auto kann behoben werden, man bleibt einfach stehen. Brennt es, springt man heraus und läuft davon. Beim Flugzeug in der Luft ist man verloren, und ob man den Fallschirm rechtzeitig aufkriegt, ist nicht immer todsicher. Da heißt es: »Ach, das sind ja so seltene Zufälle, so außergewöhnliche, daß man einfach an so etwas nicht denkt.« Ich habe kein Recht, Dir etwas zu verbieten; ich kann Dich, mein Kind, nur bitten, lasse die Hände davon. So jung und sportfanatisch bist Du ja nicht mehr, daß Du sagst, Du tust es aus sportlicher Begeisterung heraus und kannst nicht leben ohne den Gedanken, daß Du nicht fliegen könntest. Schau Dir Dein Heim, Dein Weib, Dein Kind, Dein Glück an, das Dir der allgütige Gott in den Schoß gab, und versündige Dich nicht an all dieser Gnade, die Dir zuteil ward. Lerne nicht fliegen, laß diese Schmok-

kerei den anderen, den Jüngeren, die weniger zu
verlieren haben als Du. Mache diesen Wahnsinn
nicht mit, überlasse das Fliegen den Fachleuten.
Also bitte, Kinderle, denk an Dein Weib und Kind
und gib den Zeitungen keine Gelegenheit, dem Publikum mitzuteilen, daß Walter Slezak in seinem
Flugzeug verunglückt ist.

17. 3. 1946, am Abend

... Es ist jetzt ganz genau dasselbe, wie es früher
war, wenn nicht ärger. Wenn Du auf drei Bezugs-
scheine, vier eidesstattliche Erklärungen und einen
Offenbarungseid, 17 Fragebögen mit 137 Fragen
ausgefüllt hast, um eine Rolle Klosettpapier zu
kaufen, erfährst Du bei dieser Gelegenheit, wieviel
Jahre Zuchthaus mit Ehrverlust und Todesstrafe
Du bekommst, wenn Du beim Stuhlgang mehr als
zwei bis drei Karterl Klopapier auf den Hintern
schmierst.

... Wenn Du kommst, mein Bub, so ist das Zimmer der O. für Dich hergerichtet, mit einem herrlichen Doppelbett, Teppiche sind aufgelegt und alles
so behaglich und gemütlich gemacht wie möglich,
damit Du Dein Zimmer hast und Dich recht wohl
fühlst, wenn Du einmal allein schlafen willst. Denn
wenn Du schnarchst, schmeiß ich Dich hinaus. Das
Auto ist auch da, und da können wir zu viert fahren. Du chauffierst, ich sitze neben Dir und schmie-
ge mich an Dich an und sage Dir lauter neue Sachen ins Ohr, wie lieb ich Dich hab', daß Du der
kleine Walter bist und unser Filmstar. Ach Kinderle, wenn ich es doch erleben dürfte! Gott, wenn Du
kommst, da werden auch Deine Sachen, Deine Bil-

dersammlungen mit eingepackt und hinüberge-
bracht, die Briefmarkensammlung samt den dazu-
gehörigen Safes und alles, was Du haben willst. Der
Tante ihren Schmuck, ihre Bilder, kurz all die schönen Sachen, die sind ja jedenfalls drüben sicherer
als hier. Auch möchte ich, daß Du von der Wiener
Wohnung die herrlichen Brokatmöbel mitnimmst,
da sie hier doch nie mehr zur Aufstellung gelangen
können . . .

In Hollywood wirst Du mir vielleicht all Deine
Filme vorführen lassen können. Vielleicht kann ich
auch einmal mit ins Studio kommen, daß ich den
Betrieb bei Euch kennenlerne, bei irgendeiner in-
teressanten Szene von Dir. Hoffentlich kann ich
ohne Rollwagerl sein. Ich denke schon; ich kann ja
gehen, ich muß nur das Herz recht schonen, aber
später werde ich schon Spaziergänge machen können. Also bitte, tue nichts wegen einem Zimmer
anbauen, ich bin mit irgendeinem kleinen Zimmer,
wo ich einen Schreibtisch habe, zufrieden, wo ich
sitzen und schreiben kann.

Na, Du wirst es mir schon gemütlich machen, da
ist mir nicht bange. Wenn wir fliegen sollten, dann
von München nach Paris, von Paris – England, von
da über New Foundland – New York, so sagen die
Boys, ist der Weg für die Soldaten. Mein Gott, werde ich da aufgeregt sein, und Gretel muß mir alles
herrichten, alle meine Anzüge muß ich hier auf
mich gemacht kriegen. Ich habe ja die schönsten
Sachen, nur schlottert alles an mir herunter. Toches
habe ich keinen mehr, bin hinten genau wie vorne
so hoch. Ein Skelett. Ein wunderbares Skelett.
Vorgestern beim Bad habe ich, trotzdem ich mir
vornahm, es nicht zu tun, unwillkürlich einen Blick

in den Spiegel geworfen. Also schlecht ist mir geworden, so etwas Grausliches, davon machst Du Dir keine Vorstellung. Ich werde mich unter keinen Umständen und für kein Geld nackedig zeigen. Ich fürchte nur, daß der Kaasi vor ihrem Schwiegervater grausen wird. Heute habe ich also mit der Kur begonnen. Alle zwei Stunden acht Tropfen aus kleinen Flascheln. Ich führe es einmal konsequent durch, obwohl ich von diesen homöopathischen Sachen nicht viel halte.

Das Bild Kaasis unter dem Christbaum vor der Geburt Ingileins ist rührend, so schlecht und angegriffen sieht sie aus, die Liebe. Als Gretel am Wege war, war unsere Mami in Breslau sehr entstellt, und wenn ich mit ihr auf der Schmieeritzerstraße ging, hörte ich: »Gott, die schöne Wertheim, ist die häßlich geworden!« Ich hatte nur Angst, daß sie es auch hört. Aber dann, mein Gott, ist sie erblüht und so unsagbar schön geworden, wie sie als Mädel war. Bei Dir war sie kaum entstellt. Ach und das Warten, das draußen Warten, die Angst, die Stoßgebete, daß alles gut geht, und dann die geschwellte Vaterbrust, das Telegrafieren, In-die-Zeitung-Setzen, Kartenverschicken, Fotografieren und jedem zwei bis drei Dutzend Kinderbilder zeigen, eines scheußlicher wie das andere, so daß ich zur Landplage wurde. Wenn ich in Sicht kam, floh alles in Haustore und Geschäfte, denn jeder mußte die Bilder bewundern, sonst nahm ich es übel. Gretel sah aus, als ob schon wochenlang vorher jemand recht schwer auf ihrem Gesicht gesessen wäre, und ich war stolz und fand sie schön. Ich ersuchte den Pfarrer aus unserm Stadtkreis, das Kind zu Hause zu taufen, weil ich es im Januar in diesem kalten Wet-

ter nicht der Gefahr einer Erkältung aussetzen
wollte. Das hat er abgelehnt mit der Begründung,
daß auch die andern Menschen ihre Kinder in die
Kirche bringen müssen. Da sagte ich: »Da lasse ich
das Kind eben bis Mai ungetauft, denn die Gefahr
ist mir zu groß.« Da lenkte er dann ein und kam,
der Meßner richtete einen netten Altar her, und es
war alles in Glyzerin, das ist nämlich wertvoller als
Butter. Auch Du, mein Kind, bist in der Elisa-
bethstraße im Salon getauft worden. Während der
heiligen Handlung hat Deine Amme, eine Ungarin,
aufgeschrien, weil sie Papa Robinson in den Arsch
gezwickt hat. Als man sie dann zur Verantwortung
zog, meinte sie: »Die alte Herr hat bitte nur gefilzt,
dos hab' ich mich gefallen lassen, aber er hat mich
dann in den Popo gezwickt, dos hat weh getan.«
Papa Robinson, das war ein gottbegnadeter Saumagen, mit 8o Jahren war er noch ein geübter
Zwicker, er flog auf alles, was weiblich war.

Freitag, 29. März 1946

Heute steht in der Zeitung die beglückende Kunde,
daß man wieder direkt nach USA schreiben und
mit seinem Knaben in Verbindung treten kann, die
wir jetzt fast sieben Jahre entbehren mußten. Ich
kann Dir nicht sagen, wie glücklich mich das macht
und wie ich jetzt davon Gebrauch machen werde,
wann und wie oft ich will. Es ist eine Angelegenheit
von 75 Pfennigen und allerdings geduldigen War-
tens, denn durch die Zensur wird natürlich die Be-
förderung sehr verlangsamt werden, denn Du
kannst Dir denken, welch einen *run* es jetzt auf die
arme Post geben wird. Jeder Mensch wird doch

wissen wollen, wie es seinen Angehörigen geht, wie
sie über die böse Zeit hinweggekommen sind, ob
noch alle leben und so weiter. Politische Auseinan-
dersetzungen sind verboten, die verlangt sich auch
kein Mensch.

Sonntag, 31. März 1946

... Ich wollte diesen Brief schon auf der Post auf-
geben, aber der Ernst ist da, und da gebe ich ihm
diesen mit, weil es doch schneller geht. Ich will so
gern noch alles Dir übergeben und von meinen
Sammlungen Abschied nehmen, Dich auf Verschiedenes aufmerksam machen und vor allem anhand
des einzigartigen Materials Deinen Sinn für die
Marken wecken. Denn ich bin überzeugt, daß Du
in Deiner jetzigen Verfassung, die durch Deine so
gesegnete Ehe eine grundverschiedene geworden
ist, bestimmt eine große Freude am Sammeln finden wirst, und das möchte ich gerne in Dir wecken
und Dir die Grundzüge des Sammelns, das keine
sture Angelegenheit, sondern eine Art Wissen-
schaft ist, vermitteln. Wenn Du einmal auf Deiner
Farm im Winter sitzen und mit einer guten Zigarre
nach dem Essen bei Deinen Marken sitzen wirst,
wirst Du selig sein, daß es so etwas gibt. Du wirst
Dir Kataloge und Zeitschriften kommen lassen und
mit Begeisterung feststellen, daß die Sechser Meso-
potamien auch ungeschnitten herausgekommen ist,
und den brennenden Wunsch in Dir verspüren, sie
zu besitzen, was Dir der nächste Markenhändler in
Urinville im Staate Schissheya besorgen kann.
Dann wirst Du sie erst von allen Seiten betrachten
und mit Gefühl und Rührung als postfrisch mit den

neuen Falzen einkleben, nachdem Du Dir zuerst die Pratzen vom Melken abgewaschen hast, damit die Marke nicht dreckig wird. Wenn Du einen Kanarienvogel hast, der im Zimmer herumfliegen darf, wie ich seinerzeit den Schmankerl, dann nimm zuerst das Wasserglas vom Schreibtisch, weil das Viech sonst darinnen badet und Dir alle Marken anspritzt, und dann sperre ihn für die Zeit des Markensammelns überhaupt ein; denn mir ist er einmal mit einer wertvollen Marke im Schnabel davongeflogen, und ich habe diese Marke erst nach Tagen hinter der Bibliothek zerrissen gefunden. Also entweder Marken sammeln, oder einen herumfliegenden Kanari, beides ist zu perhorreszierend. Du wirst erst sehen, was das für eine Freude macht und namentlich, wenn man schon so dasteht, daß einem andern Sammler, dem man seine Schätze zeigt, die Spucke wegbleibt, denn was Du da bekommst, mein Kinderle, ist im wahrsten Sinn des Wortes einmalig, besonders Österreich und Deutschland. Die Autographen sind alle noch in der Kiste, und die packe ich erst aus, wenn Du da bist, und da gehen wir all die Schätze, die auch nicht ohne sind, durch, und Du wirst Deine helle Freude daran haben.

Es ist mir recht, wenn Du erst im September kommst, wenn Kaasi wieder völlig normal nach der Entbindung ist. Du kannst Dich verlassen, daß ich das rechte Verständnis dafür habe und selber auch nicht um die Welt in einer schweren Stunde von der Mami gegangen wäre, und wenn es noch ein so großes Opfer gewesen wäre. Ich sehne mich mit allen Fasern nach Dir, mein Kind, und kann den Tag nicht erwarten, an dem ich Dich in meine Arme schließen darf; aber es darf nicht mit einer Unruhe und Angst um Dein Liebstes erkauft werden, sonst macht es mir keine Freude, und wir wollen uns doch unbeschwert genießen. Also, ich beschwör Dich, komme erst, wenn Du es für richtig erachtest, ich weiß, daß Du Dich ebenso nach Hause sehnst, und das genügt. Erst den Leo abwarten, die Kaasi voll und ganz wieder gesund haben und dann in aller Ruhe kommen und nur so lange bleiben, als es Dein Gefühl und Deine Sehnsucht gestattet, denn ich hoffe zu Gott, daß ich ja über kurz oder lang doch zu Dir kommen kann, und dann können wir es nachholen.

Vielleicht ist es dann schon möglich, daß Du mich im Herbst mit Dir nehmen kannst und ich den Winter in Hollywood verbringen kann, was mich sehr beglücken würde, weil ich da der Eiseskälte unseres Winters ausweichen könnte. Bis dahin ist ja auch schon alles mehr konsolidiert, das Flüchtlingsproblem gelöst und die Sicherheit eine größere, so daß ich beruhigter wegfahren könnte; aber dann doch vielleicht mit dem Schiff, damit ich mir anständig Gepäck mitnehmen könnte, denn ich brauche ja so verschiedenes, das man nicht in einen Handkoffer packen kann. Die Zeiten, wo man sich ein Zahnbürstel und das Bruchband in Zeitungspapier einwickelte und damit eine Weltreise antrat, sind bei mir nicht mehr da.

Samstag, den 18. Mai 1946

...Von Deinen letzten beiden Briefen ist einer wieder undatiert, was sehr unangenehm ist, weil der Stempel auf dem Kuvert ganz verwischt war und ich nicht weiß, von wann dieser Brief ist. . . . ich bitte Dich, mein Kind, sieh sorgsam darauf, daß dies geschieht, es ist mir so unangenehm, und ich verliere so jede Berechnungsmöglichkeit. Das sind Fehler, mein Kind, die Du ablegen mußt, wenn Du Anspruch darauf erhebst, den Grad der Vollkommenheit zu erreichen, und kein Lausbub, kein drekkiger sein willst wie ehedem im Flügelkleide. Heute vormittag, als ich mit Peter in meiner Gummiequipage durch den Ort gefahren bin, habe ich das erstemal ein klein wenig ein frohes Gefühl gehabt, Hoffnung geschöpft und Zuversicht. Auch bilde ich mir ein, daß es mit meinen Beinen heute etwas besser gegangen ist; ich konnte schon allein vom Schreibtischstuhl aufstehen, ins Badezimmer und zurück gehen, was bisher undenkbar war. Ich habe mir vorgenommen, im Tag drei- bis viermal Übungen zu machen und mich ein bisserl auf das Gehen zu trainieren, was nur schrittweise geschehen kann, damit eine Übermüdung nicht wieder alles verdirbt . . .

Das Wetter ist nach wie vor sehr schön. Gestern vormittag habe ich mich auf den Friedhof führen lassen und konnte das Stück vom Hauptweg bis zum Grab anstandslos, wenn auch bisserl klapperig, zurücklegen. Beim Grab habe ich eine Bank, auf der ich mich eine halbe Stunde niederließ und mit unserer Mami redete. Für heute 1000 Bussi – morgen schreibe ich einen neuen Brief.

Piper-Präsent

Stefan Andres · Das Fest der Fischer ·
Die Liebesschaukel · Das Pfäfflein
Domenico · Main Nahe (zu) Rhein
Ahrisches Saar Pfalz Mosel Lahnisches
Weinpilgerbuch /
Applaus für den Souffleur Hrsg. von
Vita Huber /
Honoré de Balzac · Abhandlungen
über moderne Reizmittel /
Franziska Bilek · Mir gefällt's in
München /
Wilhelm Buch · Eduards Traum /
Diplomatengeflüster Hrsg. von
H.-E. Haack /
F. M. Dostojewski · Die fremde Frau
und der Ehemann unter dem Bett /
Paul Eipper · Du, liebe Katze! /
Ateliergespräche mit Liebermann und
Corinth /
Romain Gary · Lady L. /
Der grobe Brief Hrsg. von
F. Reck-Malleczewen /
Willy Guggenheim · Meine Sterne –
Deine Sterne /

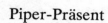

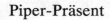

Piper-Präsent

Olaf Gulbransson · Idyllen und
Katastrophen /
Ludwig van Beethoven · Der heitere
Beethoven /
Aldous Huxley · Das Genie und die
Göttin /
Otto Klemperer · Sagen Sie doch
einfach Otto /
Lachen ohne Bewährung
Hrsg. von V. Meid /
Lachen Sie sich frei Hrsg. von
J. Storbeck /
Anne Morrow-Lindbergh · Muscheln
in meiner Hand /
Theo Lingen · Ich bewundere . . . ·
Das kann doch nicht wahr sein /
Anita Loos · Blondinen bevorzugt /
Der Mann von Welt Hrsg. v. I. Billig /
Christian Morgenstern · Galgenlieder
und andere Gedichte · Rumpeldidaus
· Die Versammlung der Nägel /

Piper-Präsent

Neue vollständige Blumen-Sprache
Hrsg. von I. Billig/S. List /
Fritz Reuter · Ut mine Kamellen ·
Meine Vaterstadt Stavenhagen /
Walter Slezak · Mein lieber Bub /
Alexander Spoerl · Memoiren eines
mittelmäßigen Schülers /
Heinrich Spoerl · Der Maulkorb · Der
Gasmann · Die Hochzeitsreise · Man
kann ruhig darüber sprechen /
Ludwig Thoma · Altaich · Jozef
Filsers Briefwexsel · Für Politiker ·
Jägergeschichten · Käsebiers
Italienreise · Lausbubengeschichten ·
Papas Fehltritt · Tante Frieda /
Eberhard Trumler · Meine Tiere, deine
Tiere /
Karl Valentin · Die alten Rittersleut ·
Die Jugendstreiche des Knaben Karl ·
Tingeltangel – Das Oktoberfest

Piper